NTỌALA NKE OKWUKWE

AISAIA 58 OZUZU NKE EJI AGAGHARI

ALL NATIONS INTERNATIONAL

Edited by
FAITH CHIDINMA METCHIE

Ntọala nke Okwukwe
Aisaia 58 Ozuzu nke eji Agaghari

Igbo Foundations of Faith
© All Nations International 2020

All rights reserved. Isaiah 58 Mobile Training Institute is available for use in training programs. For more information, order additional copies:

email: is58mti@gmail.com
contact us: www.all-nations.org
online course: is58mit.org

*Scripture quotations are taken from the
Igbo Bible © Bible Society of Nigeria © 1906, 2006*

Cover Art: Julian V. Arias and Eve L.R. Trinidad
ISBN: 978-1-950123-45-2

ỌDỊNAYA

Okwu Mmalite	v
Okwu Nkowa	vii
1. Ntọala nke Okwukwe	1
2. Onye bu Chukwu?	4
Nyocha: Onye bu Chukwu?	11
3. Gịnị Mere Chineke ji Kee Mmadụ?	13
Nyocha: Gịnị Mere Chineke ji Mee Ndị Mmadụ?	19
4. Gịnị Bụ Mmehie?	21
Nyochaa: Gịnị Bụ Mmehie?	29
5. Onye Bụ Jizọs?	32
Nyocha: Onye Bụ Jizọs?	37
6. Gịnị Bụ Nchegharị?	38
Nyocha: Gịnị Bụ Nchegharị?	43
7. Gịnị Bụ Nzọpụta?	45
Nyochaa: Gịnị Bụ Nzọpụta?	51
8. Gịnị Bụ Baptizim Mmiri?	53
Nyochaa: Gịnị Bụ Baptizim Nke Mmiri?	63
9. Onye bu Mmuo Nso?	65
Nyochaa: Onye Bụ Mmụọ Nsọ?	69
10. Gini bu Baptism nke Mọ Nsọ?	71
Nyochaa: Gịnị bụ Baptism nke Mmụọ Nsọ?	77
11. Ihe M Ga-eme ka Ewee Zọpụta M?	79
12. Gaanụ Mee Ndị Na-eso Zọ	82
Nyochaa: Gaanụ Mee Ndị Na-eso Zọ	89
Ntugharị Nyocha	91

OKWU MMALITE

Na aro 1984, Chineke nyere Rev Agnes I. Numer ihe mkpughe gbasara Aisiah 58. Ogwara ya si 'Nke a bu ihem choro maka nzuko mu na oge ugbua. Ogosikwara ya ugbo elu, okporo uzo train, ulo ebe ana akwokoba ihe na ebe ozuzu di iche iche.
Rev. Numer mepere ebe ozuzu gburu gburu ebe ndi nkuzi na abia na amuru ihe omimi, olilie anya, na na kwadobe maka uzo nke ala eze Chineke. Ndi nkuzi a tinyere ihe ha mutara n'olu na mba di iche iche. Chineke we buru ha Jehovah Jireh!
Chineke gosikwara Rev. Agnes .I. Numer ulo akwukwo nke ozioma ga ekwusa maka ala eze Chineke nye mba n'ile.
Aisiah 58 Ozuzu Nke Eji Agaghari di na akwukwo edere ede Ma dikwa na format eBook.
Ndewo.
All Nations International

Jehova we zam, si, De ọhù ahu n'elu mbadamba-ihe di iche iche, tu ya akika, ka onye nāgu ya we ḅa ọsọ.

— HABAKKUK 2:2

Ihe nile i nukwara n'ọnum site n'etiti ọtutu ndi-àmà,

nye ihe ndia n'aka madu ndi kwesiri ntukwasi-obi idebe, bú madu ndi ọ gēkwe kwa izí madu-ibe-ha ihe ndia.

— 2 Tɪᴍɪ ᴛɪ 2:2

Rev. Agnes I. Numer, also known as the "Mother Teresa of America" passed away July 17, 2010 at 95 years of age. She has leaves behind a tremendous legacy.

OKWU NKOWA

Ka anyị na-agagharị na ụwa niile, anyị na-ahụ ndị ọzụzụ atụrụ na ndị isi na mgbagwoju anya na eche "Ihe ha ga-akụziri ndị ha." Eleghi anya ha enwetụbeghị ọzụzụ ụlọ akwụkwọ Bible ... ma ọ bụ na ha agaghị enwe ike ịkwu ugwu ya.

Akwa anyi bu ka Chineke guu ro gi edemede a ... na Ọ ga-ekunye Ozi-ọma ya n'obi gị, na Ọ ga-azụ gị, na ị ga-enweta nnwere onwe, ike, udo na ike iji gosi ịhụnanya ya n'ebe ndị mba uwa n'ile

Ka anyị niile were ugbua oge ka di ruo oru a.... Ka naani ya nara otito.

Kwe ka Jizọs kuru gi nye mba nile....

Teresa Skinner
  Onye Nkuzi

"Aga ekwusa kwa ozi ọma nka nke ala-eze elu-igwe n'elu uwa dum ka ọ buru àmà nye mba nile; mb thene ahu ka ọgwugwu ihe nile ga eru kwa" Matiu 24:14

Isi 1
NTỌALA NKE OKWUKWE

Mgbe anyị chọrọ ịkọwa onye Chineke bụ, anyị na-enwekarị nsogbu: N'ụwa nke taa, ọtụtụ ndị mmadụ na-aga ụka, mana ha anaghị achọpụta na Chukwu na-enweghị njedebe nke ha na-akpoku abụghị ihe achere eche ma obu ihe dị anya. Kama, Ọ bụ Onye Okike hụrụ uwa dum n'anya na-elekọta onye ọ bụla anya nke a negosi ihunanya ya.

Dịka onye nchụ-aja, ị nwekwara ike ịhụ ndị mmadụ na-ekwetayi Chineke di na ekekwara anyi na oyiyi ya. Chinike puts n'mgbe ochie dika Chukwu nke Abraham, Isaac na Jacob. Ya onwe-ya bu Chineke nke jiri oku za oku. Ọ bụ Chineke nke na-adịghị agbanwe agbanwe, ọ naghi agbanwe ruo mgbe ebighị ebi. Ọ bụ ya bụ Eze nke ndị eze niile.

Na eziokwu, otu ụzọ anyị ga-esi mata Ya bu imara Ya dika o di.

Ya mere, na nkuzi mkprisi a, anti ga egosi gi otu I ga esi akowara ndi madu onye Chineke bu. Ihe ndeputa a g'enye gi mkpirisi vidio di iche iche ga enyere gi aka ịkọwa ụkpụrụ nke Akwụkwọ Nsọ nke ị nwere ike wulite mkparịta ụka gị na ụmụ akwụkwọ gị. O bu olile anya anyi na ka i jiri ihe nkuzi a di nkenke na Chineke ga ekpughere gi onwe ya.

Inwe aguru imata onye Chineke bu di ike mkpa. Mgbe ụfọdụ, anyị na-eche na e kere Chineke oyiyi anyị, anyị anaghịkwa aghọta na e kere anyi na oyiyi ya. Chineke pụtara na mgbe Ochie dịka Chukwu nke Abraham, Isaac na Jacob. A makwaara ya dị ka Chukwu nke jiri ọkụ na-aza.

Ọ dị mkpa na anyị ga-amata onye Chineke bụ, na Ọ chọkwara ime ka anyị laghachi na mmekọrịta na mkpakọrịta nke Ya na anyị nwere ná mmalite, n'ime Ogige nke Eden. Ọ chọrọ ka anyị mara Ya nke ọma. Dịka otu ya ba Adam na Abraham siri mara,

Dịka anyị hụrụ n'Abụ Ọma 103: 7, anyị na-amụta na Chineke "mere ka Moses mara ụmụ Ya ọrụ Ya n'ebe ụmụ Israel nọ."

Site na ịmụ nkwupụta na ajụjụ ndị dị n'okpuru, anyị na ayo ga ịmalite ikwe ka Chineke kpughere gị onwe gị. Na nkebi a, ị ga-amata azịza ajụjụ ndị a. O bu olile anya anyi na dika ichotara azịza ya, **ị ga... mara Chineke.**

Ajụjụ ụfọdụ anyị ga-aza:

- Onye bụ Chineke?

- Ebee ka O bi?
- Olee ucha Chineke bụ?
- Onye ka Chineke họọrọ ịnọchite anya Onwe ya?
- Olee otú Chineke si kwadebe ndị Jew?
- N'ihi gịnị ka nke a ji dị anyị mkpa?

Isi 2

ONYE BU CHUKWU?

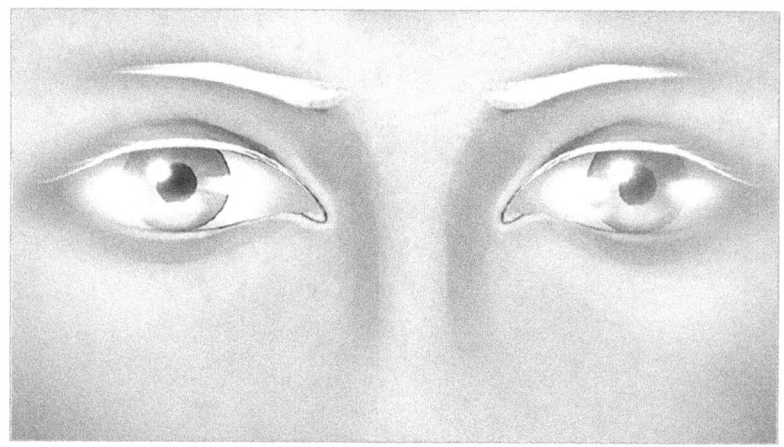

N'ụwa nke taa, ọtụtụ na-aga ụka ma ha amataghị Chukwu n'enweghi mbido na mjedebe. Anyị chere na e kere Chineke n'oyiyi anyị mana anyị amataghị na **e kere anyị n'oyiyi Ya.** Chineke pụtara na mgbe Ochie dịka Chukwu nke Abraham, Isaac na Jacob na Chineke nke ji ọkụ za oku.

Ka anyị mata onye Ọ bụ... ọ bụghị onye anyị chọrọ ka ọ bụrụ.

Mụọ nkwupụta na ajụjụ dị n'okpuYa.ma **kwe ka Chineke kpughere Onwe-ya nye gị.**

ONYE bu Chineke?

Lelee Vidio: Pịa Creation Video ma ọ bụ gaa: is58mti.org na n'okpuru Usoro pịa Resources.

Chineke diri'... tupu e kee anyị. Chineke dị, ọ ga - anọkwa ruo mgbe ebighị ebi. Chineke bu onye enweghi ngwụcha nke na - enweghị mmalite na njedebe. Chineke diri... tupu e kee anyi, O ga ano ebe a mgbe anyi nwuru. Dika anyi guru na Jenesis, Chineke kere, O kere ihe nile - elu-igwe na uwa, na ihe nile di ndu. Chineke mekwara mmadụ n'oyiyi Ya.

Jenesis 1: 1, Na mbu Chineke kere elu-igwe na ụwa.

O mere nwoke n'onyinyo ya. Madụ emeghị oyiyi nke Chineke.

Were obere oge iji **lee ihe nkiri nke Creation Jenesis.** Dịka anyị si ele vidio a, lee ịdị ukwuu nke ihe Chineke kere nakwa na O mere ụwa kpakpando na mbara ala ndị ahụ, Chineke kere gị, Ya onwe ya mekwara m.

Jenesis 1: 26 Chineke wee sị, Ka anyị mee mmadụ n'onyinyo anyị, dịka oyiyi anyị: ka ha nwekwa ike n'arụ nile nke oke osimiri, na anụ ufe nke elu, na anụ ụlọ, na ụwa niile., na n'elu ihe ọ bụla na-akpụ akpụ n'elu ụwa. 27 Chineke we kè madu n'onyinyo-Ya, n'onyinyo Chineke ka O kere ya: nwoke na nwayi

E kere mmadụ n'onyinyo Chineke. Gịnị bu udi Ya? kedu

udidi Ya si ele Chineke anya banyere ndi Ya? Olee otú Chineke si ele gị anya?

Chineke kere ihe niile maka obi ụtọ Ya. O kere gị na mụ maka obi ụtọ Ya. Chineke di uku ma Obi n'ime obi anyi. Ọ ga-ewepụta oge ịnụ echiche anyị na ekpere anyị.

Chineke ... hurugi na anya nke ukwu.

Chukwu choro ihe kacha mma maka gị. Ọ maara na mmehie na-akpata ọnwụ na mbibi ya mere O jiri nye iwu banyere otu esi ebi ndụ. Bible dị ka akwụkwọ ntụziaka. Ọ bụ okwu Ya ka edere maka mmadụ. ka mmadụ ghọta ụzọ Ya na iwu Ya.

Ọpụpụ 34:14 N'ihi na efela chi ọzọ: n'ihi na Jehova, onye aha ya bụ ekworo, bụ Chineke ekworo:

Chineke bu... onye ebere, na-eme amara, onye na-adịghị ewe iwe, onye ebere na eziokwu bara ụba ... Ọpụpụ 34: 6 Jehova wee gafere ya n'ihu wee kpọsa, sị, 'Jehova, Jehova, Chineke, dị obi ebere, na-eme amara, ogologo ntachi obi, na ịdị mma na eziokwu,

Abụ Ọma 145:8 Jehova nwere amara, na obi ebere; Ọ dighi-ewe iwe ọsọsọ, O nwe-kwa-ra obi-ebere.

EBE ka Chineke bi?

Chineke bi... n'eluigwe na n'ime obi anyị.

Mgbe anyị rịọrọ Jizọs ka ọ gbaghara anyị mmehie anyị ma rịọ Ya ka ọ bata n'obi anyị, ọ gga-abata.Chineke kere anyị iji nwee obi ụtọ na otuto Ya, Ọ chọrọ mmekọrịta anyị ya mere O jiri kee anyị na mbido.

Ndị Efesọs 2: 21-22 (NLV)

21 Kraist na-edozi ulo a; 22 A na-eme ka unu bụrụ akụkụ nke ụlọ a, n'ihi na Chineke bi n'ime gị site na mmụọ Ya.

Chineke nwere... Ala-eze nke ya na obodo nke ya.

Ọtụtụ mgbe ndị mmadụ na-eche na Chineke dịka Nna ha ma ọ bụ ndị enyi ha. Ọ bụghị. Chineke nwere omenaala nke aka

Ya, uzo Ya si gosiputa Ya. Anyị enweghị ikike ijikwa ya. Ọ bụ Chineke.

Luk 11:2 Ọ we si ha, Mgbe unu n'ekpe ekpere, sịnụ, Nna anyị nke nọ n'eluigwe, Ka edo aha gị nsọ. Ka alaeze Gị bịa. Ka eme ihe Ichọ, dika eme n'elu-igwe, ka eme n'ụwa.

Jọn 18:36 Jizọs zara, "Alaeze m esiteghị n'ụwa nke a: ... ma ugbu a alaeze m esiteghị ebe a.

OLEE ụcha bụ Chineke?

Lelee Vidio: "Kedu agba bụ Chukwu?" ma ọ bụ gaa: is58mti.org na n'okpuru Usoro pịa Resources

Chineke bu..Ihe, ihe na egosiputa ucha n'ile.

1 Jọn 1:5 Nke a bụ ozi ahụ nke anyị nụrụ banyere ya, ma na-agwa gị, na Chineke bụ ìhè, na ọchịchịrị adịghị n'ime ya ma ọlị.

Chineke abughi... onye ọcha, onye aja aja, odo Ma obu onye ojii.

Chineke bu... ucha niile – okere madu niile na oyiyi ya.

Mgbe anyị hụtara onyinyo nke Chineke, obughikwa nke mmadụ chere Okwu Chineke kwuru na O kere madu n'oyiyi ya, madu nile.

Jenesis 1:27 Ya mere, Chineke kere mmadụ n'onyinyo ya, n'onyinyo nke Chineke jiri ya kee ya; nwoke na nwayi ka O kere ha.

KEDU ndi Chineke họọrọ ịnọchite anya Onwe ya?

Site na mgbe ochie **Chineke họọrọ**... Israel, ndị Jew. Chineke kwadebere ha maka ihe karịrị puku afọ anọ iji weta Ọkpara Ya Jizọs, Messiah n'ụwa.

Diuterọnọmi 7:6 N'ihi na ụta dị nsọ nye Jehova, bụ Chineke gị: Jehova, Chineke gị họpụtara gị ịbụ ndị pụrụ iche nye onwe ya, karịa ndị niile nọ n'elu ụwa.

Na ubochi taa **Chineke na - ahọpụta** ... ndị nwere ntị ịnụ ihe
1 Pita 2:9 Mana unu bụ ọgbọ 1 immadụ (ma ọ bụ zụta); ka unu wee gosi otuto nke Onye jiriworo ọchịchịrị kpọọ unu baa n'ịhè ya dị ebube: 10 ndị nke oge gara aga abụghị ndị mmadụ, kama ugbu a bụ ndị nke Chineke: ndị anatabeghị obi ebere, kama ugbu a enwetawo ebere.

OLEE otú Chineke si kwadebe ndị Jew?

Chukwu gisiri ha... 'onwe Ya.

Chineke nonyere Adam na Eve n'ogige Eden. Ọ kụziiri ha otú ha ga-esi na-elekọta ubi ahụ na otú ha ga-esi na-elekọta onwe ha. Ka anyị na-agụ akwụkwọ Ọpụpụ anyị hụrụ na Chineke nọnyeere ndị Israel kwa ụbọchị, igwe ojii na-edu ha n'ehihie na ọkụ n'abalị. Rue aro iri na ano, Chineke jiri aka ya ha nri ma nonyere hacwe rue Ala nke okwere ha na nkwa.

Chineke kuziri ndị Jew ka esi ako akụkọ rue mgbe ha nwere ike ide akụkọ gbasara ha. O gosiputara ha na odi nkpa iji nye umu ha na umu umu ha.

Chineke kuziri ha omume ọma - ihe ọma na ihe ọjọọ.

Onye bu Chukwu?

O were Chineke puku aro ano iji kuziri Umu Isreal tupu Jizọs abiakwute ha.

- Adam na Abraham - afọ 2,000 (ọgbọ abụọ)
- Abraham na Jizọs - afọ 2,000 (ọgbọ 55)
- Jizọs bịara - puku afọ abụọ

Matiu 1:17
Ya mere ọburu nasite n'Abraham rue Devid di ọb generationsọ iri na anọ; site na Devid rue mgbe emere ka ha je biri na Babilon di kwa ọb generationsọ iri na anọ; site na mgbe emere ka ha je biri na Babilon rue Kraist di kwa ọb generationsọ iri na anọ.

KEDU ihe nkea ji dị anyị mkpa?

Ọ dị mkpa na anyị ga-amata onye Chineke bụ, na Ọ chọkwara ime ka anyị laghachi na mmekọrịta na mkpakọrịta nke Ya na anyị nwere ná mmalite, n'ime Ogige Ubi nke Eden. Ọ chọrọ ka anyị mara Ya nke ọma dị ka O soro Adam na Abraham jee ije, otu a ka Chineke a di omimi choro ka anyi mata ya.

Abu oma 103:7 O mere ka umu Israel mara oru Ya nile. Anyị nwere ike... **mara Chukwu.**

NYOCHA: ONYE BU CHUKWU?

1. Ufodi ndị na-ahụ Chukwu dị ka ihe atụ, dị anya.
a. Eziokwu
b. Gha

2. Anyị ga- _____ Chineke maka onye Ọ bụ - ọ bụghị onye anyị _____ Ọ ga-abụ.

3. Oge ụfọdụ, anyị _____ na e kere Chineke n'onyinyo anyị, ma anyị na- _____ ruo _____ na e kere anyị na _____ ya.

4. Chukwu bụ… tupu e kee anyị. Chineke dị, dị adị, ọ ga - anọkwa ruo mgbe ebighị ebi.
a. Eziokwu
b. Ugha

5. Akwụkwọ Nsọ dịka akwụkwọ ntuziaka. Ọ bụ okwu Ya ka edere maka mmadụ
a. Mara ebe anyị nwere ike ịgbanahụ mmehie
b. Ghọta ụzọ Ya na iwu Ya
c. bie ndụ anyị ma banye n'eluigwe.

6. Chineke _____ ndị Juu site na _____ ha n'onwe Ya.

7. Chineke nwere… Ala nke Ya na obodo nke Ya.
a. Eziokwu
b. Ugha

8. Olee agba Chineke bụ?
a. Nwa
b. Ucha
c. Edo edo
d. Green
e. Uhie
f. Ìhè
g. Ọchịchịrị

Isi 3

GỊNỊ MERE CHINEKE JI KEE MMADỤ?

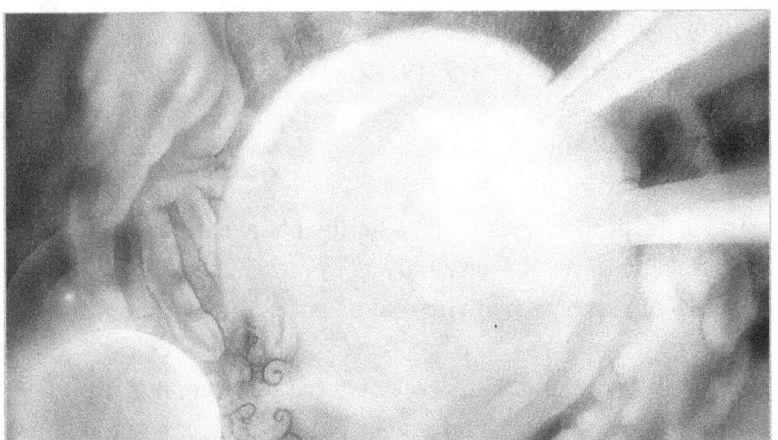

Chineke nwe ihe niile, o ga emeli ihe niile o zuru oke n'onwe Ya nke na Ọ chọghị ihe ọ bụla, kedu ihe kpatara Ọ ga-eji kee mmadụ?

Ebe Chineke mara ihe niile, Ọ maara na ndị Ya di nma, Adam na Eve, na-aga ime mmehie. Ọ mara na mmehie na mbibi nke na site na nnupu isi ga emebi ihe okike ya zuru oke. Ya mere, kedu ihe ojiri ke madu?

Chineke kere madu ni ihi na ochoro Inweta ndi jiri obi ha hu ya na anya ma chokwa ka ha na ya biri rue mgbe ebighi ebi. Ọ maara na Ọ nweta madu ole na ole matara otu Odin Juputara na ihu na anya na ha egosiputa ya na uwa niile.

Lev 26:12 Mu onwem g willjeghari n'etiti unu, buru kwa Chineke m, unu onwe-unu bu kwa ndim.

Aịsa 43:21 Ọ bụ m hiwere ndị a; Ha ga-egosi otuto m.

Mụọ ajụjụ ndị a ma kwe ka Chineke kpughere gị ihe mere O ji kee ndị mmadụ.

KEDU otu Chineke si we kee madu?

Chineke ji ájá sitere n'ala kpụọ madụ. E mere ya n' oyiyi ya, inwe ike n'elu ihe nile dị ndụ, imụta ụmụ ma zụkwa ụwa.

Jenesis 1:26 Chineke kwuru, sị, Ka anyị mee mmadụ n'onyinyo anyị, dịka oyiyi anyị: ka ha nwekwa ike n'arụ nile nke oke osimiri, na anụ ufe nke elu, na anụ ụlọ, na ụwa niile. , na n'elu ihe ọ bụla na-akpụ akpụ n'elu ụwa. Ya mere, Chineke kere nwoke n'onyinyo ya, n'onyinyo nke Chineke jiri ya kee ya; nwoke na nwayi ka O kere ha.

Jenesis 2: 7 Jehova, Chineke, we were ájá sitere n'ala kpụọ mmadụ, O wee kuo ume ndụ nye n'oghere imi ya; mmadụ ahụ wee ghọọ mkpụrụ obi dị ndụ.

Chineke hụrụ Adam bụ naanị ya, ya mere O mere nwanyị, Iv, site na ọgịrịga ahụ ọ wepụtara n'akụkụ Adam.

Jenesis 2:18 Jehova Chineke wee sị, Ọ dịghị mma ka mmadụ ahụ nọrọ naanị ya; M'g himmere ya onye-iye-aka kwesiri ya.

Jenesis 2:21 Jehova, bụ́ Chineke, wee mee ka oké ụra buru Adam, o wee rahụ ụra: o wee were otu ọgịrịga ya mechie anụ ahụ kama ya; 22 Ribet ahu, nke YHWH, bú Chineke werewori na nwoke, mere ya nwayi, me ka ọ biakute nwoke ahu.

OLEE ka esi ke anyi n'oyiyi Chineke?

Ọ bụrụ na mmadụ asị, "i dị ka Nna gị", ihe ha na-ekwu bụ na ị na-ekwu okwu, na-eje ije, naeche echiche ma na-akpa àgwà ka Nna gị, ma ọ bụ na i nwere ike pụrụ iche dị ka ya. Mgbe Chineke kere anyị, O nyere anyị ike pụrụ iche na njiri mara dị ka O nwere.

Anyị nwere ikike nke mmụọ ịmara Chukwu, ịgwa Ya okwu na ịmara banyere ya.

Anyị nwere ikike ime nhọrọ – anyị nwere ike ịhọrọ.

Anyị bụ ndị okike – anyị nwere ike ịmepụta.

Anyị nwere ọgụgụ isi – anyị nwere ike ịtụgharị uche, mụta ihe, wee ghọta. **Anyị nwere ikike** – anyị nwere ike ịchị (chịkwaa, weghara ọchịchị, nhazi)

KEDU ihe bu ogige Eden?

Chee echiche banyere otu ebe - ogige mara mma ma ọ bụ ogige mara mma ebe enweghi mgbu, ahụhụ ma ọ bụ ntaramahụhụ. Ihe ọ bụla ịchọrọ iri, na-eto na ebe ahụ. Umu anụmanụ na-ebi n'udo. Ọ dịghị onye na-alụ ọgụ ma ọ bụ na-ewe iwe; enweghị mmụọ ọjọọ na okwu ọjọọ. Ha na Chineke na ndị Ya jere ije ma na -ekwu okwu n'ime ubi mgbe anyasị rulu.

Ihe niile zuru oke.

Nke a bụ ihe Chineke mere na mmalite - maka ndị Ọ hụrụ n'anya.

Jenesis 2: 8 Jehova, bụ Chineke, wee kua ubi nke dị n'ebe ọwụwa anyanwụ n'Iden; O we tinye madu ahu n'ebe ahu, bú onye Ọ kpururi. 9 Jehova, bú Chineke, we site n'ala me ka osisi nile ọ bula mara nma ile anya, nke di kwa nma ihe-oriri; osisi nke ndu dikwa n'etiti ubi a ab ,ara ogige, na osisi nke ima ezi na ihe ọjọ.

GỊNỊ bu otu ihe Chineke si emela?
Erila mkpụrụ si n'osisi ịma ihe ọma na ihe ọjọọ.

Ibuagha, nnupụisi, ime uche onwe gị, ịgha ụgha, ịghara ịta ụta, ihere, enweghị ntụkwasị obi, inyo mmadụ enyo, ihe India nile bidoro na otu ihe 'emela' Chineke nyere Adam na Eve. Otutu iwu adighi nkpa iwelite Audi nke mmehie, otutu n'ime anti achoghi ka agba anyi ihe anyi kwesiri time, kama anti choro imebihe nke aka anyi.

Jenesis 2:16 Jehova, bụ́ Chineke, wee nye mmadụ ahụ iwu, sị, N'ime osisi ọ bụla dị n'ubi a, ị ga-eri nke ọma: 17 mana nke sitere n'osisi ịma ihe ọma na ajọ ihe, ị gaghị eri ya site na ya: n'ihi na n'ụbọchị ahụ i riri nkpuru sitere na ya i ghaghi inwu.

ONYE bụ Onye iro Chineke?

Chineke nwere otu onye iro, ọ bụ ihe ọjọ na ọ kpọrọ Chineke asị ma kpọọ ndị Ya asị. Ọ chọghị ka Chineke nwee ndị ga-ahụ Ya n'anya. Onye-iro a ga-eme ihe nile n'ike aka ya ịkwụsị atụmatụ Chineke. Aha onye iro a bụ ekwensu. Ọ bịarutere n'ogige Eden n'udịdị nke agwọ iji kụọ aro n'ime uche Adam na Eve. Ngwá ọrụ ya gbagọrọ eziokwu, boo Chineke ebubo, duhie Eve ma gha ụgha.

Nzube ya bụ izu ohi, gbuo ma bibie ya.

Jenesis 3: 1 Ma agwọ dị aghụghọ karịa anụ ọhịa ọ bụla nke Jehova, bụ́ Chineke, mere. Ọ si nwayi ahu, Ee, Chineke ekwuwo, si, Unu erila nkpuru sitere n'osisi ọ bula nke ubi a ogige? 2 Nwayi ahu we si agwọ ahu, Ayi g eatri nkpuru sitere n'osisi nile nke ubi a ab gardenara ogige: 3 ma nkpuru nkpuru osisi nke di n'ubi a ab ,ara ogige, ka Chineke siri, N'ala nkpuru sitere na ya. unu emetula ya aka, ka unu we ghara inwu. 4 Agwọ ahu we si nwayi, I ghaghi inwu: 5 N'ihi na Chineke mara na n'ụbọchị i riri nkpuru ya, mgbe ahu anya gi ghere emeghe, i gha adi ka chi, ima ihe oma na ihe ojo. 6 Nwayi ahu we hu na osisi ahu mara nma n'ihe-oriri, na ihe ahu adighi nma n'anya, na osisi ichoro ime ka onye mara ihe, o were nkpuru-ya, rie, nye kwa ya ya. di ya na ya; o wee rie. 7 Ewe meghe anya ha abua, ha we mara na ndi b nakeda ọtọ; ha we hu akwukwọ fig n'okpuru onwe-ha, mere onwe-ha ihe otiti. 8 Ha we nu olu Jehova, bú Chineke, ka Ọ n walkingjeghari n'ubi ahu ab theara ogige mb daye ubọchi: Adam na nwunye-ya we zopu onwe-ha n'iru Jehova, bú Chineke, n'etiti osisi nke ubi ahu. 9 Jehova, bú Chineke, we kpọ Adam, si ya, Wherele ebe i nọ? 10 Ọ si, Anurum olu-gi n'ubi a ab andara ogige, tua egwu, n'ihi na onye b nakeda ọtọ ka m'bu; m wee zoo onwe m. 11 Ọ si, toldnye gosiri gi na onye b nakeda ọtọ ka i bu? I riri nkpuru sitere n'osisi ahụ m nyere gị n'iwu ka ị ghara iri? 12 Nwoke ahu we si, Nwanyi ahu nke I nyerem iso, ya onwe-ya nyerem nkpuru sitere n'osisi ahu, Mu wee rie. 13 Jehova, bú Chineke, we si nwayi ahu, Gịnị bu nka nka i meworo? Nwaanyị ahụ wee sị, Agwọ ahụ duhiere m, m wee rie.

Otu Mmehie Ọtụtụ ugwu

Adam na Eve tara ọtụtụ ahụhụ ma ọ bụ "kwuo ugwu" n'ihi mmehie ha.

Gen 3:16 Ọ sịrị nwanyị ahụ, M ga-eme ọtụtụ ihe ụfụ gị na ịtụrụ ime gị; n'ihe-nbu ka i gāmu umu; digi onwe di-gi, ọ gāchi kwa gi. 17 O we si Adam, N'ihi na i gewo nti n'olu nwunye-gi, i we rie nkpuru sitere n'osisi ahu, nke M"adoro gi n'iwu, si, Gi erila nkpuru sitere na ya. n'ihe-nbu ka i g eri nkpuru sitere na ya ubọchi nile nke ndu-gi; 18 Ogwu na uke ka ọ ga-ewetara gị; i g eatri ahihia ndu nke ọhia; 19 n'ọsusọ iru-gi ka i g eatri nri, rue mb thoue i gālata n'ala; n'ihi na esiri na ya weputa gi: n'ihi na ájá ka ị bu, ọ bu kwa n'ájá ka i gālata.

Madu na Chineke enweghizi mmekorita. Nsogbu na ihe isi

ike siri n'akụkụ niile puta. Uwa buruzie ebe joro njo - n'ihi mmehie.

Chineke gwara ha na ihe ndia niile ga - eme ma ọ bụrụ na ha enupughi iru Ya. A kpọrọ ihe ndị a "Ọnwụ".

Na eziokwu, madu huru mmehie na anya.
Ndi Rom 5:12, ya mere, dika nmehie si n'aka otu mmadu bata ba n'uwa, onwu site n'aka mmehie; ya mere ọnwụ nwụrụ n'elu mmadụ niile, n'ihi na mmadụ niile emehiewo.

Ndị mmadụ atụfuola 'agwa iku ume' Chineke, ha enwekwaghị ike iji mepụta ma ọ bụ ịhọrọ ihe ziri ezi, ha abụrụla ndị ohu nke mmehie. Ndị mmadụ ka kewapụrụ na Chineke onye mere ha ka ha na Ya nwee mmekọrịta. Ekwensu ka na-emehie ndị mmadụ ma ghaara ya ụgha ka na-eme mmehie dị ka ihe naatọ ụtọ ma na-ata Chineke ụta maka 'ijide anyị'.

OLEE Olile anya anyi?

Atumatu Chineke kariri adịghị ike anyị na nnupụisi anyị, Ọ mara ihe karịa Ekwensu nke na-ezu ohi ma na-ebibi. Atumatu Chineke siri ike kari nmehie n'onwe ya. Olile anya anyị rụtụrụ aka n'ebe Onye Nzọpụta nọ, azịza, mmezi nke mmekọrịta anyị mebiri emebi.

Ndụ nwa Chineke nwụrụ na ọnwụ ga - eme ka mmadụ laghachi na mmekọrịta dị mma nke anyị na Chineke Nna, ọ bụrụ na anyị ekwere na Jizọs, tabata ya ma me ka Chineke buru chi anyi.

CHINEKE Choro ka i Bụrụ Otu n'ime Ndị Ya. Chukwu **hụrụ gị n'anya** chọrọ ka ị mata Ya wee mụta ụzọ Ya. Ọ ga-azọpụta gị si ugha nke ekwensu na agbu nke mmehie. **Chineke chọrọ iweghachi** nke gị pụrụ iche njiri mara O nyere Adam. **Chukwu choro iweghachi gi** 'n'onyinyo nke Chineke'. I ga abụkwa ndị nke Ya **Ọ gaabụ Chineke gị.** Ga-amụta ịmara Ya, soro ya na-agwa ya okwu.

NYOCHA: GỊNỊ MERE CHINEKE JI MEE NDỊ MMADỤ?

1. Chineke kere ndị mmadụ n'ihi na:
a. Owu nọ naanị ya
b. O nweghi onye mmadu huru Ya n'anya
c. Ọ chọrọ ndị mmadụ ga-ahọrọ ịhọrọ isoro Ya biri ruo mgbe ebighị ebi
d. Ndị mmụọ ozi ahụ egbochighị mkpa Ya maka ịhụnanya

2. Olee otú Chineke siri mee ndị mmadụ?
a. O kwuru okwu ịdị adị
b. O jiri ájá kee mmadụ
c. O nyere ndị mmụọ ozi ahụ
d. O mere ka ha si n 'usoro dị ala dị ala

3. Tobụ onye e mere n'onyinyo Chineke pụtara:
a. Anyị nwere ikike ịhọrọ ịhọrọ dịka Ya
b. Anyi nwere ike ime dika Ya

4. Nzube dị a didaa ka Setan nwere mgbe ọ ghọgburu Iv?
a. Iji zuru mmekọrịta ya na Chineke
b. Imebi atumatu Chineke maka mmadu
c. Ikewapụ mmadụ na Chineke

d. Nke niile dị n'elu

5 Gini bu ihe si na mmehie nke madu puta?
a. A mụrụ mmadụ dị ka mmehie ugbu a
b. Madu ghọrọ ohu nke mmehie
c. Worldwa mara mma nke ghọrọ ebe siri ike obibi
d. Nke niile dị n'elu

6. Kedu ihe bu olile anya madu?
a. Site na ịnakwere Okpara Chineke dika onye nzoputa anyi, anyi kari izoghachi ndi Ya
b. Ọ bụrụ na anyị agbalịsie ike ma bie ndụ ziri ezi Chineke nwere ike ịnabata anyị ọzọ
c. Ọ bụrụ na anyị na-eme ihe ziri ezi anyị nwere ike inweta ọbụbụenyi Ya
d. Site na ig u ma soro Akwukwo Nso rue ike anyi nile

Isi 4

GỊNỊ BỤ MMEHIE?

Isaiah 59: 2 Ma nmebi iwu gi (nke ya na nmehie gi) kewaputawo n'etiti gi na Chineke gi, mmehie gi nile zopuwo ihu ya n'iru gi, ka o ghara inu. Akwụkwọ Nsọ na-agwa anyị na mmehie na-ekewapụ anyị na Chineke.

N'ụwa anyị taa ọtụtụ madu achoghi ihuta mmehie, ha chọrọ iche na ihe ha na-eme ziri ezi ha achọghị ịgbanwe. Ma ebe obu Chineke nke Abraham, Isaac na Jacob kwuru na mmehie kewapu anyi na ya. Anyi ga achoriri ihu ya imata ihe oporto mmehie na ihe okwu na anti ga eme banyere ya. Oge ahu, anyi ga ahu ihu ya Ma nukwa olu ya.

Tugharia uche na ihe ndia edeputara Na okpuru ebea Ma kwe ka Chineke gosi gị ihe Ọ na-akpọ mmehie, otu O si kwuo na ọ ga-emetụta gị na ihe anyị kwesịrị ime gbasara mmehie. **Mmehie bụ** ime ihe ndị na-abụghị ihe ekere anyi ime: O bu gịnị ka m na eme nmehie? Jụọ onwe gị ajụjụ ndị a:

- Ọ na-eme ka ị kaa nká ngwa ngwa?
- Ọ na-arịa gị ọrịa ma ọ bụ adịghị mma?
- O na eme ka ịkọwa ya? Ma ọ bụ na-agwa onwe gị mgbe niile na ọ bụ eziokwu?
- Nwere obi amamikpe mgbe ị malitere ime ya?
- I na ejide ịhapụ onwe gị ka ị ghara ime ya mgbe nile?
- Ọ bụ mmehie?

Ndị Rom 6:23 N'ihi na ụgwọ ọrụ nke mmehie bụ ọnwụ; ma onyinye nke Chineke bụ ndụ ebighi ebi n'ime Jizọs Kraịst Onyenwe anyị.

KEDU ihe Chineke kpọrọ mmehie?

Iwu iri

Ọpụpụ 20:1 Chineke wee kwuo okwu ndị a niile, sị,
2 Mu onwem bu Jehova, Chineke-gi, Nke mere ka i si n'ala Ijipt, si n'ụlọ ndi oru, puta.
3 Gi enwela Chi ọzọ tiyerem.
4 Gi emerela onwe-gi arusi apiri api, ma-ọbu oyiyi ihe ọ bula nke di n'elu-igwe nke di n'elu, ma obu nke di n'uwa, ma-ọbu nke di na miri n'okpuru uwa:
5 Akpọla isi ala nye ha, efe-kwa-la ha òfùfè: n'ihi na Mu onwem bu Jehova, Chineke-gi, bu Chineke ekworo, n

visitingjeghari ajọ omume nke ndi bu nna n'aru umu-ha rue ọb thirdọ nke-atọ na nke nke ndi nākpọm asì;

6 N'ebere puku kwuru puku ndị hụrụ m n'anya ma na-edebe iwu m.

7 Gi eburula aha Jehova, bú Chineke-gi, ime ihe efu; n'ihi na Jehova agaghi-agu onye n takburu aha-Ya ime ihe efu.

8 Cheta ubọchi-izu-ike, ido ya nsọ.

9 Ubọchi isi ka i g laborje ozi, lu ọlu-gi nile:

10 Ma ubọchi nke-asa bu ubọchi-izu-ike nke Jehova, bú Chinekegi: nime ya ka i dighi-eme ọlu ọ bula, gi onwe-gi ma nwa-gi nwoke ma ọ bu nwa-gi nwanyi, orù-gi ma-ọbu orù-gi nwayi ma-ọbu anu-ulo-gi ma ọ bu nke gi. Onye mbịarambịa nke dị n'ọnụ ụzọ gị.

11 N'ihi na n'ime ụbọchị isii ka Jehova kere eluigwe na ụwa, oké osimiri, na ihe niile dị n'ime ha, wee zuru ike n'ụbọchị nke asaa: Jehova wee gọzie ụbọchị izu ike ma doo ya nsọ.

12 Sọpuru nna-gi na nne-gi: ka ubọchi-gi we di anya n'elu ala nke Jehova, bú Chineke-gi, n theenye gi.

13 Egbula ọchụ.

14 Akwala iko.

15 Ezula ori.

16 Gi ab bearala àmà ugha megide madu-ibe-gi.

17 Ekpula ulo onye-ab neighborata-obi-gi, akpu-kwa-la nwunye nke onye-ab neighborata-obi-gi, ma-ọbu orù-ya nwoke, ma-ọbu orù-ya nwayi, ma-ọbu ehi ya, ma-ọbu inyinya-ya, ma-ọbu ihe ọ bula nke bu nke onye-ab neighborata-obi-gi.

Mmehie na-ekewa anyi na Chineke. Chineke chọrọ ime ka anyị laghachi na mmekọrịta na mkpakọrịta nke Ya na anyị nwere na mmalite n'ime Ogige Ubi nke Eden.

Matiu 6:24 "Ọ dịghị onye pụrụ inwe nna ukwu abụọ; n'ihi na ọ ga-akpọ otu asị ma hụ nke ọzọ n'anya, ma ọ bụ, ọ ga-eguzosi ike n'ihe nye otu ma leda nke ọzọ anya.

Ọnụ Ọgụgụ 15:37 Jehova wee gwa Moses okwu, sị, 38 Gwa

ụmụ Israel okwu, ma gwa ha ka ha mee ka ha bụrụ akụkụ dị iche iche n'ókè nke uwe ha n'ọgbọ ha niile, na ha ga-etinye ọnụ ọnụ nke ala ahụ. akpụkpọ anụ na-acha anụnụ anụnụ: 39 Ọ ga-adịrị gị otu mgbada, ka ị wee legide ya anya wee cheta iwu Jehova niile, me ha; ka i we ghara kwa ichọ obi nke onwe-gi na anya nke aka gi, nke i n useso ikwa iko: 40 ka unu we cheta, me kwa ihe nile m nyere n'iwu, ma doro onwe-unu nsọ nye Chineke unu. 41 Mu onwem bu Jehova, bú Chineke-gi, Nke mere ka i si n'ala Ijipt puta, ka m buru Chineke gi: Mu onwem bu Jehova Chineke gi.

GỊNỊ ka anyi kwesiri ime gbasara mmehie?

- Gbapụ na Sin.
- Na-edo onwe gị n'okpuru Chineke.
- Guzogide ekwensu.
- Bịaruo Chineke nso.
- sachaa aka gị.
- sachaa obi gị.
- Mee mkpebi gị.
- Chegharịa site na mmehie.
- wedata onwe gị ala n'ihu Chineke.
- Gbapụ na Sin.

1 Ndị Kọrịnt 6:18 Gbaaranụ ịkwa iko ọsọ. Mmehie ọ bụla nke madụ na-eme n'akpụghị ahụ; ma onye na-akwa iko na-emehie megide ahụ ya.
Nyefee Chineke. Nyefee: Nyefee amamihe na nduzi Chineke.
Jemes 4: 7 Ya mere n'okpuru Chineke. Guzogide ekwensu, ọ ga-agbapụkwa n'ebe ị nọ. 8 Bịaruonụ Chineke nso, Ọ ga-abịarukwa unu nso. Meenụ ka aka unu dị ọcha, unu ndị mmehie; Meenụ ka obi unu dị ọcha, unu ndị nwere uche abụọ. 9

Tienụ mkpu arịrị ma kwaa ákwá! Ka echigharị ọchị gị ọchị iru uju, ka ọ joyụ gị ju ọchịchịrị. 10 wedanu onwe-unu n'ala n'iru Onye-nwe-ayi, Ọ g willweli kwa unu elu.

GỊNỊ ka anyi ga eme Ma buru na anyi emehie?

Anyi aghaghi ilele mmehie anyi anya ka Chineke si hu ya; anyị enweghị ike ịgọnari ya. Anyị ga echegharị.

GỊNỊ bụ nchegharị?

Nchegharị na-ele mmehie anyị mere ... ụzọ Chineke. Mgbe anyị mere, anyị na-enwe mwute maka ihe anyị mere, anyị na-esikwa n'aka ya. Mgbe ụfọdụ ... anyị ga - esi na ya gbapụ.

2 Ndị Kọrịnt 7:10 (NLV) Ọfụma nke Chineke na-eme na-eme ndị mmadụ ụta maka mmehie ha ma na-eduga ha ịhapụ mmehie ka a wee zọpụta ha ntaramahụhụ nke mmehie. Anyị kwesịrị inwe obi ụtọ maka ụdị iru uju a, mana uju nke ụwa a na-eweta ọnwụ.

Nchegharị nke mmadụ abụghị nchegharị

Ndị Hibru 12:16 Ka onye ọ bụla na-akwa iko, ma ọ bụ onye na-adịghị ọcha, dị ka Isọ, onye rere otu achịcha otu o rere ọnọdụ ọkpara ya. 17 N'ihi na unu matara otu emesịa, mgbe ọ ga-eketa ngozi ahụ, a jụrụ ya: n'ihi na ọ hụghị ebe nchegharị ọbụlagodi anya mmiri jiri nwayọ chọọ ya.

O bụrụkwanu na anyị adịghị ike imegide mmehie?

Ihe mere Chineke jiri zite Ọkpara ọ mụrụ naanị, Jizọs ka ọ nwụọ n'elu obe n'ihi anyị bụ maka adighi ike anyi. Usoro nke ịmụ ọzọ n'ezie na -emepụta ụdị ọhụụ n'ime anyị ma site n'okike ahụ Chineke na-enye anyị ikike megide mmehie. Nke a bụ uche Chukwu.

Matiu 5: 6 Ngọzi na-adịrị ndị agụụ na-agụ, ndị akpịrị na-akpọkwa nkụ maka ezi omume, n'ihi na afọ ga-eju ha.

Matiu 5: 8 Ngọzi na-adịrị ndị dị ọcha n'obi, n'ihi na ha ga-ahụ Chineke.

Chineke ga-esoro ndị na-arụ ọrụ Ya.

Luk 12:32 atụla egwu, ìgwè atụrụ nta; n'ihi na ọ di Nna-unu ezi nma inye unu ala-eze.

Ndị Filipaị 2:12 Ya mere, ndị m hụrụ n'anya, dịka unu rubere isi oge niile, ọ bụghị dịka n'ihu m naanị, mana ugbu a karịa oge anọghị m, jiri egwu na ịma jijiji rụpụta nzọpụta nke onwe gị. 13 N'ihi na Chineke bu onye n'arum n'uche unu na ime ihe dika odi nma Ya.

Aisaia 26:12 Jehova, I ghaghi ime ka udo di anyi nma: nihi na Gi onwe-gi lu oru aka ayi niile. 13 Jehova, bú Chineke-ayi, ndi-isi ndi ọzọ edoghi gi nwe ike n'aru ayi: ma site n'aka Gi ka ayi g makehota aha-Gi. Ndi nwuru anwu adighi-adi ndu; Ndi nke ha nwuru anwu, ha adighi-ebili: N'ihi nka i letawo ma bibie ha, we me ka ncheta-ha nile la n'iyì.

KEDU ihe akwukwo nso kpọrọ mmehie?

Ndị Galeshia 5:19 Ugbu a ọrụ nile nke anụ ahụ pụtara ìhè, nke a bụ ihe ndị a; Adkwa iko, ịkwa iko, adịghị ọcha, lasciasị, 20 Ihu arụsị, ịta amoosu, ịkpọasị, iche iche, esemokwu, iwe, esemokwu, ịkwa iko, 21 anyaụfụ, igbu ọchụ, ịrunụbiga mmanya ókè, ịgba akwụna, na ndị dị ka: nke m na-agwa gị tupu, dịka m agwawokwa gị n'oge gara aga, na ndị na-eme ụdị ihe a agaghị eketa alaeze nke Chineke.

Amplified Bible Version

Ndị Galeshia 5:19 Ugbu a omume nile nke anụ ahụ doro anya): ha bụ omume rụrụ arụ, adịghị ọcha, arụrụala, 20 ikpere arụsị, mgbaasị, iro, esemokwu, ekworo, iwe iwe), ịchọ ọdịmma onwe onye, nkewa nke ndọrọ ndọrọ). , ịrọ òtù na echiche pụrụ iche, ịjụ okwukwe), 21 anyaụfụ, mmanya na-egbu, ịrousụbiga

Gịnị Bụ Mmehie?

mmanya ókè, na ihe ndị ọzọ. Ana m adọ gị aka na ntị na mbụ, dịka m mere na mbụ, na ndị na-eme ụdị ihe a agaghị eketa ala-eze Chineke. Amplified Bible (AMP)

Mmehie abughi ihe e kere anyị ka anyị mee
N'ime ndụ anyị, Chineke na-enye anyị iwu na ntuziaka anyị ga-eso. Nke a bụ maka ọdịmma anyị. Ọ bụ ime ka anyị banye n'onye ahụ O kere anyị ka anyị bụrụ. Ọ bụkwa maka abamuru nke ndị ọzọ. Mgbe any we ad notgh God erubere Chineke isi b is mmehie.

Gua ilu nke pg na amamihe nke nzuzu na Matiu 25: 1-13

Deut 30:20 ka i hu Jehova, bu Chineke-gi n'anya, na i ge nti olu Ya, ghagide kwa irapara ya n'aru: n'ihi na Ya onwe ya bu ndu gi, na ogologo ndu gi: ka i we biri. n'ala nke Jehova untouru nna-gi-hà iyi, bú Abraham, Aisak na Jekob, inye ha.

Jona 1: 1 Okwu Jehova wee bịakwute Jona nwa Amittai, sị, 2 Bilie gaa Nineve, obodo ukwu ahụ wee tie mkpu megide ya; n'ihi na ihe ọjọ ha arigowo n'irum. 3 Ma Jona biliri isi n'ihu Jehova gbaga Tashish, gbadaa Jọpa; o we hu ub shipọ nke jeruru Tashish: o we kwughachi ego-ya, rida na ya, iwere ha jerue Tashish n'iru Jehova.

NYOCHAA: GỊNỊ BỤ MMEHIE?

1. Mmehie bu ihe ekere anyi im
a. Eziokwu
b. Ugha

2. Mmehie bu eme ihe ekeghi ekeghi anyi ka anyi mee. Mmehie ga - eme ka anyị _____ ma ọ bu iiria oria.

3. Enwela _____ gị ọ bụla _____ _____, ma ọ bụ _____ ọ bụla dị n'eluigwe ma ọ bụ nke ụwa _____ ma ọ bụ nke dị na mmiri ma ọ bụ nke ụwa

4. Ewepula _____ nke Jehova gi _____ n'efu; n'ihi na Jehova agaghị ejide _____ nke na-akpọ aha ya na _____.

5. "Ọ ga-abụrịrị gị otu mgbede, ka ị wee legide ya anya, na _____ _____ nyere n'iwu nke Jehova, na _____ _____; eji aga akwụna: "

6. Anyị ga-agbanahụ mmehie.
a. Eziokwu
b. Ugha

7. Anyị kwesịrị ịbanye n'akụkụ ekwensu.
a. Eziokwu
b. Ugha

8. Anyi aghaghi ibiaru Chineke nso.
a. Eziokwu
b. Ugha

9. Anyị kwesịrị iguzogide ekwensu.
a. Eziokwu
b. Ugha

10. Anyị kwesịrị ido onwe anyị n'okpuru ma ọ bụ nyefee amamihe na nduzi Chineke.
a. Eziokwu
b. Ugha

11. Gịnị bu echegharighi?
a. wedata onwe gị ala n'ihu Onye-nwe
b. si na mmehie chighari
c. mmadụ na-akwa ụta
d. na-arịọ Onyenwe anyị mgbaghara

12. Ihe Bible kpọrọ mmehie: "Ugbu a ọrụ nke anụ arụ pụtara ihè, nke a bụ ihe a; Ikwa iko, _____, adịghị ọcha, _____, ikpere arụsị, ịta amoosu, _____, iche, i emuomi, _____, _____, ịgba ọchịchị mgba okpuru, ịjụ okwukwe, _____, mgbu, _____, ịgba akwụna, na ndị dị ka: nke m na-agwa gị tupu, dịka m gwara gị n'oge gara aga, na ndị nke _____ _____ _____ agaghị enwe alaeze nke Chineke."

13. Mmehie anaghị eme ihe anyị bụ _____ ime.

14. Ncheghari bu:
a. O na-agba oso megide mmehie
b. na-enwe mwute maka ihe anyị mere, anyị na-agbakutakwa ya
c. anyị anaghị anabata mgbazi ahụ ma nọgide na-emehie
d. 1 na 2 ka anyi si chegharia

Isi 5

ONYE BỤ JIZỌS?

Anyị aghọtala na **mmehie ga ekewapụ anyị na Chineke.** Anyị niile emehiewo ma ugbu a gịnị ka anyị ga-eme? Nkewa a bu n'ezie.

Mgbe ụfọdụ anyị na-eche na maka nkewa, na anyị ga- aga ogologo njem wee chọta Chukwu. Anyị chọrọ ihe ga eme ka anyị nwee ike ịbaghachi na mmekọrịta ah anyi na Chukwu kachasi ihe niile Elu, Chineke nke Abraham, Aịsak na Jekọb.

Mụọ nkwupụta na ajụjụ dị n'okpuru, ma kwe ka Jizọs kpugheere gị onwe gị.

N'IHI gịnị ka e kewapụrụ anyị na Chineke?

Chineke, Onye Okike nke ụwa na Adam na Iv kpugara njem na ogigi Eden ebe Adam meheire. Mmehie Adam kewapụrụ ya na ụmụ ya na Chineke. Na eziokwu o dikwa egwu.

Jenesis 3:23 N'ihi nka ka Jehova Chineke jiri zipu Adam ka O si n'ubi Iden puta, rue ala nke esiri we ya. 24 Ya mere, ọ chụpụrụ nwoke ahụ; o debekwara ya n'ebe ọwụwa anyanwụ nke ogige Iden, Cherọshim na mma agha na-enwu ọkụ nke tụgharịrị n'ụzọ ọ bụla, ichekwa ụzọ osisi nke ndụ ahụ.

Adam na Iv ghọrọ onye a bụrụ ọnụ.
O bu ndu na mwusi obara ka Chineke jiri we sacha uwa. Chineke gboro nke a àjà.

Levitikọs 4:35 ọ ga-ewepụ abụba ya niile, dị ka ewepụrụ abụba nwa atụrụ n'àjà udo; onye-nchu-àjà g shallsure ha ọku ibu ihe-nsure-ọku n thesi n'elu ebe-ichu-àjà, dika àjà-nsure-ọku an thesurere Jehova: onye-nchu-àjà g makekpuchi-nmehie nke ọ mehie, agāb forgivenaghara kwa ya.

Ọtụtụ okpukperechi gburugburu ụwa nwere emume nke gụnyere ịwụfu ọbara iji gbaghara anyị mmehie anyị. Ọ bụ ihe ịtụnanya na ndị mmadụ anụbeghị banyere Chineke a, mara na mmehie anyị ekewapụ anyị na ihe.

ONYE bụ Jizọs?

Jizọs bụ Ọkpara Chineke
Jọn 3:16 N'ihi na Chineke hụrụ ụwa n'anya otu a, na o nyere Ọkpara ọ mụrụ naanị, ka onye ọ bụla nke kwere na ya we ghara ịla n'iyi, kama nwee ndụ ebighi ebi.

Jizọs bụ Emmanuel - Chukwu bi na uwa. Matthew 1:23 Le, nwa agbogho di ime, o gha kwa imu nwa nwoke, a ga-akpokwa aha ya Emmanuel, nke a bu, Chineke nonyere anyi.

Jizọs ghọrọ madu ka ozoputa mmadu

Matiu 1:21 "Ọ ga-amụ nwa nwoke, ị ga-akpọkwa aha Ya Jizọs, n'ihi na Ọ ga-azọpụta ndị nke Ya na mmehie ha."
Chineke zitere Jizọs ka ọ bụrụ "**Oke Onwe-aja**."
Jizọs ghọrọ Àjà Maka Mmehie Anyị
Jọn 1:29 N'echi ya, Jọn hụrụ Jizọs ka ọ na-abịakwute ya, ọ sịrị, Le, Nwa-aturu Chineke, Nke naewepụ mmehie nke ụwa.
Ekwesịrị ịchụ àjà maka mmehie mmadụ otu ugboro n'afọ. Jizọs bụ Sacchụ aja n'achị aja n'ihi na mgbe Ọ nwụrụ n'elu obe, ọ dịghị àjà ọzọ achọrọ. Ọ bụghị naanị na Jizọs na-ewepụ mmehie anyị kama ọ na-asachapụ anyị mmehie ndị niile gara aga, ugbu a na ọdịnihu, ọ na-arụkwa ọrụ n'obi anyị ka anyị wee ghara ịga n'ihu na-ebi ndụ n'ime mmehie.

1Jọn 1: 7 ma ọ bụrụ n'anyị na-eje ije n'ìhè ahụ, dịka ọ dị n'ìhè ahụ, anyị na ibe anyị na-emekọ ihe, ọbara nke Jizọs Kraịst nwa ya na-asachapụ anyị mmehie niile.

JIZỌS kpochiyatara anyi azu na ebe Chineke no.

Jọn 20:17 Jizọs sịrị ya, Emetụla m aka; n'ihi na arịgobeghị m Nnam, kama gakwuru ụmụnne m, sị ha, Ana m arịgokwuru Nna m na Nna unu; chukwu na Chinekem.

Àjà Jizọs chụrụ n'iru na-eme Ya Onye nzọpụta anyị
Matiu 1:21 "Ọ ga-amụ nwa nwoke; ị ga-akpọ ya Jizọs, n'ihi na ọ ga-azọpụta ndị ya na mmehie ha."
Jọn 1:1 Na mbu ka Okwu ahụ dịrị, Okwu ahụ na Chineke dị, Okwu ahụ bụrụ Chukwu. 2 Onye ahu na Chineke diri na mbu. Ekère ihe nile site n'aka-Ya; ekèghi kwa otù ihe ọ bula nke ekèworo. Nime Ya ka ndu diri; ndu ahu buru kwa Ìhè nke madu. 5 Ìhè ahu we nāmu n'ọchichiri; ọchichiri ahu ejideghi kwa ya. 6 Otù nwoke putara, onye ezitere site n'ebe Chineke nọ, aha-ya bu Jọn. Onye ahu biara ib aa àmà, ka o we b witnessara Ìhè ahu àmà, ka madu nile we site n'aka-ya kwere. Ya onwè-ya abughi Ìhè ahu, kama ọ biara ka o we b witnessara Ìhè ahu àmà. 9 Ezi Ìhè ahu diri, Nke nethnye madu ọ bula nke nābia nime uwa ìhè.

10 Ọ nọri nʼuwa, ekèkwara uwa site nʼaka-Ya, uwa amaghi kwa Ya. 11Ọ biakutere ihe nke aka Ya, ma ndi nke aka Ya akpọbataghi ya. 12 Ma dika ndi natara ya, O nyere ha ike ibu umu aka nke Chineke, obuna ndi kwere nʼaha ya: 13 ndi amuru nʼazu, obughi nʼuche nke anu aru, ma obu nke uche. nke madu, kama nke Chineke. 14 Okwu ahu mekwara aru-ayi ka ayi buru anu-aru, we biri nʼetiti ayi, (ayi nʼile anya ebube-Ya, dika ebube nke Ọkpara Chineke muru nání), juputara nʼamara na ezi-okwu.

NYOCHA: ONYE BỤ JIZỌS?

1. Jizọs bụ _____ nke Chineke.

2. Jizọs bụ Emmanuel - Chukwu na _____.

3. Jizọs ghọrọ _____ ruo _____ mmadụ.

4. Chineke zitere Jizọs ka ọ bụrụ "ihe _____ àjà maka anyị _____."

5. Mana ọ bụrụ n'anyị _____ n'ihè, dịka _____ dị n'ìhè ahụ, anyị nwere _____ anyị na ibe anyị, na _____ nke Jizọs Kraịst Ọkpara ya _____ si na mmehie niile.

6. Ọchụ aja kasịnụ nke Jisos mere Ya _____.

7. Ma ndi nile natara ya, ha nyere ha _____ ka o buru _____ nke Chineke, obunye ha na _____ n'aha ya:

8. E mekwara Okwu ahụ _____, wee biri n'etiti anyị, (anyị wee hụ ebube ya, otuto dị ka otu ọkpara Nna ya mụrụ), juputara n'amara na eziokwu.

Isi 6

GỊNỊ BỤ NCHEGHARỊ?

Anyị achọpụtala ugbu a na anyị nwere nsogbu. Mmehie ekewapugo anyi na Chineke. Chineke nke Aisak, Aisak na Jekob zitere Okpara Ya ka O buru aja achuru anyi.

Kedu ka anyị ga-esi ruo ebe Chineke na-eduru anyị?

Mụọ nkwupụta na ajụjụ dị n'okpuru ma kwe ka Jizọs gosi gị ụzọ nke Chineke.

Gịnị Bụ Nchegharị?   39

KEDU ihe bụ nsogbu?

Jenesis 3:22 Jehova, Chineke, we si, Le, madu ahu di ka otu onye n'ime ayi, ịmara ezi ihe na ihe ojo: ma ugbua, ka O ghara isetipu aka ya, werekwa nkpuru sitere n'osisi nke ndu, rie, ndu rue mb evere ebighi-ebi. 24 Ya mere, ọ chụpụrụ nwoke ahụ; Ọ dọba n'ebe ọwụwa anyanwụ nke ubi Iden Iden Cherubims, na mma agha na-enwu ọkụ nke tụgharịrị n'ụzọ ọ bụla, ichekwa ụzọ osisi nke ndụ ahụ.

Ndị Rom 3:23 N'ihi na mmadụ niile emehiewo, ma ha adịghị eru ebube Chineke;

Rom 5:12, ya mere, dika nmehie si n'aka otu mmadu bata ba n'uwa, onwu site n'aka mmehie; ya mere ọnwụ nwụrụ n'elu mmadụ niile, n'ihi na mmadụ niile emehiewo:

KEDU ihe bụ Ngwọta ya?

Nchegharị - Jọn Baptist bịara buru ụzọ kwado ụwa maka Jizọs:
 Ọrụ Ndịozi 19: 4 Mgbe ahụ, Pọl kwuru, sị, Jọn n'ezie jiri baptism nke nchegharị, na-agwa ndị mmadụ, na ha kwesịrị ikwere na ya nke na-abịa n'azụ ya, ya bụ, na Kraịst Jizọs.

Ita uta nke madu abụghị nchegharị

2 Ndị Kọrịnt 7:10 (NLV) Ọfụma nke Chineke na-eme na-eme ndị mmadụ ụta maka mmehie ha ma na-eduga ha ịhapụ mmehie ka a wee zọpụta ha ntaramahụhụ nke mmehie. Anyị kwesịrị inwe obi ụtọ maka ụdị uju a, mana uju nke ụwa a na-eweta ọnwụ ..
 Ihe atụ nke ụta na enweghị nchegharị:
 Mat 27:3 Mgbe Judas, onye raara ya nye nye, mgbe ọ hụrụ na amabeghị ya, o chegharịrị, ma chighachịkwara mkpụrụ ego ọlaọcha iri atọ ahụ na ndị isi na ndị okenye, 4 sị, Emehiewo m

n'ihi na ararawo m nke ahụ. ọbara na-emeghị ihe ọjọọ. Ha si, Gịnị bu Gịnị diri ayi? lee ya anya. 5 Ọ we tuda iberibe ọla-ọcha ahu n'ulo uku, la, je, kpọgide onwe-ya.

Ndị Hibru 12:16 Ka onye ọ bụla na-akwa iko, ma ọ bụ onye na-adịghị ọcha, dị ka Isọ, onye rere otu achịcha otu o rere ọnọdụ ọkpara ya. 17 N'ihi na unu matara otu emesịa, mgbe ọ ga-eketa ngozi ahụ, a jụrụ ya: n'ihi na ọ hụghị ebe nchegharị ọbụlagodi anya mmiri jiri nwayọ chọọ ya.

Iri uju nke si na Chineke – Iru újú nke Chineke na-eduga n'ime ihe banyere ọnọdụ ahụ.

Matiu 21:29 Ọ zara, si, Achọghị m: ma emesịa o chegharịrị, wee pụọ. 30 O we biakute onye nkeabua, kwue kwa dika nka. O we za, si, Mu, onye-nwem: ọ la. 31 N'ime ha ka ha mere uche nna ya, ọ dị? Ha si ya, Onye mbu...

2 Ndị Kọrịnt 7:10 (NLV) 10 Ihe ụfụ nke Chineke na-eme na-eme ndị mmadụ ụta maka mmehie ha ma na-eduga ha ịgbaghara mmehie ka a wee zọpụta ha ntaramahụhụ nke mmehie. Anyị kwesịrị inwe obi ụtọ maka ụdị iru uju a, mana uju nke ụwa a na-eweta ọnwụ. 11 Lee otu uju a Chineke kwere ka o si rụọ ọrụ n'ime gị. I nwere ochicho inwere onwe gi na mmehie ahu m dere. Iwe were gị. Werejọ ji. Ichoro ime ihe banyere ya. N'ụzọ niile ị mere ihe ị nwere ike ime ka ọ bụrụ ihe ziri ezi.

Matiu 5:6 Ngọzi na-adịrị ndị agụụ na-agụ, ndị akpịrị na-akpọkwa nkụ maka ezi omume, n'ihi na afọ ga-eju ha.

Matiu 5:8 Ngọzi na-adịrị ndị dị ọcha n'obi, n'ihi na ha ga-ahụ Chineke.

O nwere ihe ịchọrọ ichegharị site na? I yola Jizọs aja Chukwu churu make uwa niile ka obia biri n'obi gị ma nye gị ndụ ọhụụ? I chọpụtala na ị na-eleghara mmehie anya ma na-eme ihe ị chere na o ziri ezi ma ghara ịchọ ihe Chineke nke Abraham, Aịsak na Jekọb kwuru na o ziri ezi? Eleghi anya ị ga-achọ ikpe ekpere na ịrịọ ya maka mgbaghara ma bido ibi ndụ ọhụrụ ugbu a.

Ọ bụrụ na nke a kọwara ihe ị na-eche n'obi gị ugbu a, gaa na

"GỊNỊ KAM GA EME KA NWETA NZOPUTA" gụpụta isiakwụkwọ ahụ, kpekuo Chineke ma kwupụtara gị mmehie gị niile, rịọ ya ka ọ gbaghara gị, rịọ ya maka ya. ndu ohuru n'ime Ya. Chọọ onye kwere ekwe nke tozuru okè nke nwere ike inyere gị aka ka ị na-aga ije na ije ije.

NYOCHA: GỊNỊ BỤ NCHEGHARỊ?

1. N'ihi na mmadụ niile nwere _____ wee bia _____ nke _____ nke Chineke.

2. Kedụ ka anyị ga-esi ruo ebe Chineke chọrọ ịkpọga anyị?
a. site n'ịnwa ịkwụsị ime ihe ahụ nke na-egbochi anyị n'ebe Chineke nọ
b. site n'inye nri n'ebe obibi na-enweghị ebe obibi
c. site na ịga ụka ugboro abụọ n'izu
d. site na icheghari ihe rapu anyị imehie n'ebe Chineke no

3. Regretkwa ụta nke mmadụ bụ otu ihe na ncheghari site na mmehie anyị, ọ na-azọpụta anyị ntaramahụhụ nke mmehie.
a. Eziokwu
b. Ugha

4. Nsọpụrụ _____ na-eduga _____ ihe gbasara ọnọdụ ahụ.

5. Ọ zara, si, Agaghị m: kama emesịa ọ _____ wee pụọ."

6."Ngọzi na-adịrị _____ obi, n'ihi na ha ga-_____ Chineke."

7. youchọtala onwe gị _____ mmehie wee na-eme ihe _____ _____ dị mma ma ghara ịchọ ihe _____ nke Abraham, Aịsak na Jekọb kwuru na _____? Eleghi anya ị ga - achọ _____ ma jụọ Ya maka _____ ma bido _____ _____ ugbu a.

Isi 7

GỊNỊ BỤ NZỌPỤTA?

Nzọpụta - onyinye nke a na-abịa site n'ịnabata Jizọs Kraịst "Àjà kachasị" nke na-akpọghachite anyị n'ebe Nna ahụ nọ, laghachikwuru onye e kere anyị ka ọ bụrụ wee na-ewetara anyị ebe anyị na Onye Okike anyị na-anọ ruo mgbe ebighi ebi.

Nzoputa malitere na anyi. Chineke enyelarị Onyinye, Jizọs nwụrụ ma bilie ọzọ, ugbu a ọ dịịrị anyị. Gịnị ka anyi ga eji onyinye a mee?

Mụọ nkwupụta na ajụjụ dị n'okpuru ma kwe ka Chineke kpughere gị onyinye nzọpụta ya.

N'IHI gịnị ka nzọpụta jiri dị anyị mkpa?

Chukwu, Onye Okike nke uwa -
Soro Adam na Iv jee ije n'ime Ubi ahụ.
Adam mehiere.
Mmehie Adam kewapụrụ ya na ụmụ ya na ụmụ ya na Chineke.

Jenesis 3:24 O wee chụpụ nwoke ahụ; Ọ dọba n'ebe ọwụwa anyanwụ nke ubi Iden Iden Cherubims, na mma agha na-enwu ọkụ nke tụgharịrị n'ụzọ ọ bụla, ichekwa ụzọ osisi nke ndụ ahụ.

Ezikiel 36:17 Nwa nke mmadụ, mgbe ụlọ Izrel biri n'ala nke aka ha, ha ji ụzọ ha na omume ha merụọ ya. Ụzọ ha dị n'ihu m dịka adịghị ọcha nke nwanyị a chụpụrụ achụpụ.

O by gịnị na-eme n'oge nzọpụta?

Mgbe Jisos nwuru n'elu obe, O were mmehie ahu baa n'ili, O wee baa n'oku muo, wee were naputa ekwensu igodo nke kewara anyi n'ebe Chineke no, Jisos meriri n'agha ebe ahu n'ihi mu na gi. Nkea bu nzoputa. Ugbua a ọ dịịrịziri anyị ịnata ya.

Chineke enyela anyị ndụ ọhụrụ:

Edepụtara na "Ọmụmụ na Ntọala" nke Rev. Agnes I. Nọmba
Na Ezikiel 36 Chineke na-ekwu maka Birthdị Ọhụụ, gịnị bụ Ọmụmụ Ọhụrụ?
Chineke kwuru, "M ga-esi n'etiti ndị mba ọzọ wepụta gị, si n'etiti gị pụọ n'etiti ndị mba ọzọ. M ga-ewepụ gị ịkwa iko. O kwuru na m gaetinye mmụọ ọhụrụ n'ime gị. Gịnị bụ mmụọ ahụ? Mmụọ ahụ Adam na Iv nwere tupu ha emehie.
Nke a bụ mmụọ ọhụrụ e nyere anyị mgbe amụrụ anyị ọzọ. Kedu ihe O bu n'uche? Ọ pụtaghị na a ga-amụ anyị ọzọ n'anụ ahụ, Ọ pụtara na Ọ ga-etinye Mmụọ Nsọ n'ime anyị Nnabata, Ọmụmụ nke Ọhụụ. A gaeme ka anyị ba n'ogige Iden, a ga-akpọghachi anyị n'oge ahụ ha naenweghị mmehie, ha na Ya na mmekọrịta.

O kwuru na aga m ewepu gị ya niile, m ga-enye gị mmụọ ọhụrụ, m ga-etinyekwa obi ọhụrụ n'ime gị. O gha ghapu obi ochie wee tinye obi ohuru n'ime obi nke dasiri Chineke n'agha... ya mere, a na amu amu obi ahu. Ọ na-etinye mmụọ ọhụụ na obi ọhụụ, tinyezie mmụọ Ya n'ime anyị ka anyị wee nụ ma rubere Ya isi.

Ezikiel 36:24 N'ihi na m ga-esi n'etiti ndị mba ọzọ kpọpụta gị, meekwa ka mba niile chịkọta gị, m ga-akpọbata gị n'ala gị. 25 M'gāwusa kwa unu miri di ọcha, unu ewe di ọcha: ọ bu iru-árú nile unu na arusi nile unu ka M'g Ime unu ka unu si. M'g alsonye kwa gị obi ọhu, ọ bu kwa mọ ọhu ka M'g willtiye nime gi: M'g Iwezuga kwa obi nkume n'anu-arugi, nye gi obi nke bu anu-aru. M'g willtiye kwa mọm n'ime unu, me ka unu je ije n'kpurum nile, ma debe ikpém nile, me ha. 28 Unu g shallbi kwa n'ala ahu nke M'nyere nna-unu-hà; unu gābu-kwa-ram otù ndi, Mu onwem gābu-kwa-ra unu Chineke. 29 M ga-azọpụtakwa gị n'adịghị ọcha gị niile: m ga-akpọkwa ọka, mee ka ọ mụbaa, ma ụnwụ ụnwụ agaghị adakwasị gị. 30 M'g willme kwa ka nkpuru osisi na ihe-omume nke ubi ba uba, ka ị ghara inweta nkọcha ụnwụ ọzọ n'etiti mba dị iche iche. Mgbe ahu ka unu g remembercheta uzo ojo nile unu, na omume nile unu nke na adighi nma, me kwa ka obi tua onwe unu n'anya n'anya n'ihi ajọ omume nile unu na n'ihi ihe ojoo unu..

2 Ndị Kọrịnt 5:17 Ya mere ọ bụrụ na onye ọ bụla dị n'ime Kraist, ọ bụ onye ekere eke ọhụụ: ihe ochie agabigawo; lee, ihe niile adịla ọhụrụ.

OLEE otu nzoputa si amalite?

Ọ dịịrịzịrị anyị ichegharị na mmehie anyị nabatakwa aja nke ahụ ochuru . Ugbu a Ọ ga-enyere anyị aka ibiri Ya ndu.

Ndị Rom 10:9 Na ọ bụrụ na ị jiri ọnụ gị kwupụta Onyenwe anyị Jizọs, ma nwee okwukwe n'obi gị na Chineke akpọlitere ya n'ọnwụ, aga-azọpụta gị.

Ndị Efesọs 2:8 N'ihi na ọ bụ amara ka eji zọpụta unu site n'okwukwe; nke ahụ esiteghịkwa n'onwe unu: ọ bụ onyinye

Chineke: 9 Ọ bụghị site n'ọrụ, ka onye ọ bụla wee ghara ịnya isi. 10 N'ihi na ayi bu ihe O mere, Onye ekère n'ime Kraist Jisos ibu ezi oru, nke Chineke buru uzo debe iwu ka anyi jegharia n'ime ha.

Jọn 3:15 Ka onye ọbụla nke kwere na Ya we ghara ịla n'iyi, kama nwee ndụ ebighi ebi. 16 N'ihi na Chineke hụrụ ụwa n'anya otu a, na o nyere Ọkpara ọ mụrụ nanị ya, ka onye ọbụla nke kwere na ya wee ghara ịla n'iyi, kama nwee ndụ ebighi ebi. N'ihi na Chineke eziteghi ỌkparaYa n'uwa ka O kpe uwa ikpé; kama ka ewe site n'aka-Ya zọputa uwa. 18 Ekpeghi onye kwere na Ya ikpé: ekpewo onye n believethkweghi na mbu ikpé, n'ihi na o kweghi n'aha nke Ọkpara Chineke muru nání Ya. 19 Ma nka bu ikpé ahu, na Ìhè ahu abiawo n'uwa, ma madu huru ọchichiri n'anya kama Ìhè, n'ihi na ọlu-ha jọrọ njọ. 20 N'ihi na onye ọ bula nke n evilme ihe ọjọ nākpọ Ìhè ahu asì, ọ dighi-abiakute Ìhè ahu, ka aghara itu ya ọlu-ya n'anya. 21Ma onye n dome ihe bu ezi-okwu nābiakute Ìhè ahu, ka ewe me ka ọlu-ya puta ìhè, na aluworo ha na Chineke.

N'IHI gịnị ka ọ jiri nwe usoro?

Mgbe ayi Nabatara nzoputa ya, anyi aghaghi ikwere ka Chineke duzie anyi na ndu ohuru 39

Ndị Filipaị 2:12 Ya mere, ndị m hụrụ n'anya, dịka unu rubere isi oge niile, ọ bụghị dịka n'ihu m naanị, mana ugbu a karịa oge anọghị m, jiri egwu na ịma jijiji rụpụta nzọpụta nke onwe gị. 13 N'ihi na Chineke bu onye n'arum n'uche unu na ime ihe di nma nma.

Aisaia 26:12 Jehova, I ghaghi ime ka udo di anyi nma: nihi na Gi onwe-gi lu oru aka ayi niile. 13 Jehova, bú Chineke-ayi, ndi-isi ndi ọzọ edoghi gi nwe ike n'aru ayi: ma site n'aka Gi ka ayi g makehota aha-Gi. Ndi nwuru anwu adighi-adi ndu; Ndi nke ha nwuru anwu, ha adighi-ebili: N'ihi nka i letawo ma bibie ha, we me ka ncheta-ha nile la n'iyi.

OLEE otú anyi nwere ike isi chebe nnukwu onyinye a?

- Na-eje Ije n'Ihè

1 Jọn 1: 4 Ihe ndị a anyị na-edetara anyị anyị, ka ọ yourụ gị wee ju eju. 5 Nke a bụ ozi ahụ nke anyị nụworo banyere ya, ma na-agwa gị, na Chineke bụ ihè, na ọchịchịrị adịghị n'ime ya. 6 Ọ buru na ayi asi na ayi na Ya nwekọ-ihe, ayi g ,jeghari n'ọchichiri, ayi n liegha ugha, ma ayi adighi-eme ya:

- Gị na Chineke na Ndị Nsọ ndị ọzọ nwee mmekọrịta

7 Ma ọ buru na ayi eje ije n'ihè ahu, dika Ya onwe-ya di n'ihè, ayi na ibe-ayi nwekọ-kwa-ra, ọbara Jisus Kraist Ọkpara-Ya nethsachapu ayi na nmehie nile.

- Nọgidenụ na-ekwupụta mmehie anyị

8 Ọ bụrụ na anyị asị na anyị enweghị mmehie, anyị na-eduhie onwe anyị, eziokwu adịghịkwa n'ime anyị. 9 Ọ bụrụ na anyị ekwupụta mmehie anyị, ọ kwesịrị ntụkwasị obi na zie ezi ịgbaghara anyị mmehie anyị, sachapụkwa anyị ajọ omume niile. 10 Ọ bụrụ na anyị asị na anyị emehieghị, anyị na-eme ya onye ụgha, okwu ya adịghịkwa n'ime anyị.
Jọn 3: 21 Ma onye n'eme ihe n'eziokwu na-abịa n'ihè ahụ, ka ọrụ ya wee pụta ihè, na arụwo ha n'ime Chineke.

IGA atufunu nzọpụta gi?

Ndị Hibru 6: 1 Ya mere hapụ ụkpụrụ nke nkuzi nke Kraịst, ka anyị gaa n'izu oke; ghara ịtọwakwa ntọala nke nchegharị site n'ọrụ nwụrụ anwụ, na okwukwe n'ebe Chineke nọ, 2 nke nkuzi nke baptizim, na ibikwasị aka, na mbilite n'ọnwụ nke ndị nwụrụ anwụ, na nke ikpe ebighi-ebi. 3 Nime nka ka ayi g dome, ọ buru na Chineke kwere. 4 N'ihi na ọ gaghi-ekwe omume nye ndị e merebu nghọta, ma detụ onyinye nke elu-igwe ahụ, ma bụrụ ndị ekere mmụọ nsọ, 5 ma detụ ezi okwu Chineke na ike ụwa nke na-abịa, 6 Ọ bụrụ na ha ga-ada, ime ka ha chegharịa ọzọ; ebe ha na-akpọgidere onwe ha Ọkpara Chineke otuto, naemechu ya ihu.

NYOCHAA: GỊNỊ BỤ NZỌPỤTA?

1. Nzoputa bu onyinye nke n'abia _____ Jisos, aja kasi.

2. Achọrọ nzọpụta n'ihi Adam sitere na _____ _____ ya na _____ ya nile sitere na Chineke

3. Gịnị na eme na nzoputa? Mgbe Jisos nwuru n'elu obe O buru _____ tinye n'ili. Ọ gara ozigbo _____ were were _____ nke _____ anyị n'ebe Chineke nọ pụọ n'ebe Setan na Jizọs meriri n'agha ahụ ebe ahụ. n'ihi na mụ na gị. Nzọpụta na - amalite ugbu a ọ dị anyị n'aka _____ it!

4. Ya mere, ọ bụrụ na nwoke ọ bụla bụ _____ _____, ọ bụ _____ _____: ihe ochie bụ _____ _____; lee, ihe niile aghọọla _____.

5. Nzoputa - "O buru na igha _____ gi jiri onu gi _____ _____ ma kwere na _____ gi na Chineke nwere _____ ya site na ndi nwuru anwu, i gha _____."

6. Mana onye na-eme _____ na-abịakwute _____, ka e wee mee ka ọrụ ya pụta ìhè, na arụwo ha na Chukwu.

7. Usoro - Mgbe anyị gachara _____ anyị, anyị ga- _____ Chineke ka ọ _____ anyị na ndụ ọhụrụ a.

8. Chebe Onyinye (nke Nzọpụta) - Nwee Nnwekọ: Ma ọ bụrụ n'anyị _____ n'ihè ahụ, dịka ọ dị n'ihè ahụ, anyị na ibe anyị na-emekọ ihe, _____ nke Jizọs Kraịst nwa ya na-asachapụ mmehie niile. Debe nmehie anyi _____.

9. Can Puru Inwe Nzoputa gi? - "Detụkwa ezi okwu nke Chineke na ike nke ụwa nke na - abịa, ọ bụrụ na ha ga - eme _____ _____, ime ka ha zighachi _____; ebe ha na - akpọgidere onwe ha Ọkpara Chineke _____, wee tinye ya ka emeghe. _____."

Isi 8
GỊNỊ BỤ BAPTIZIM MMIRI?

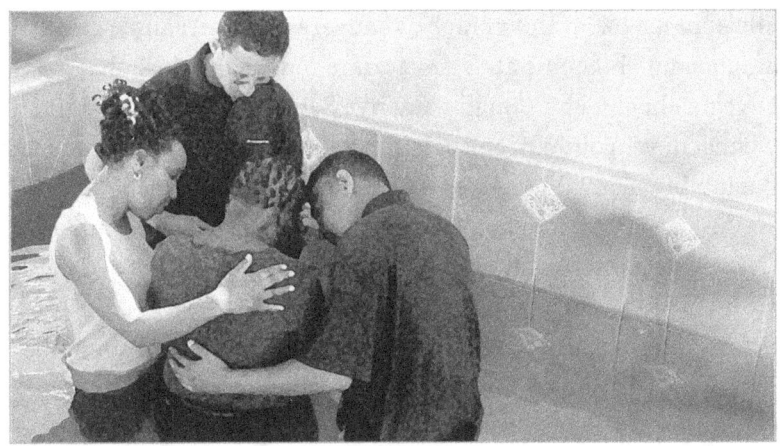

Edebere "Ike Baptism" nke Rev. Agnes I. Numer

"Oburu na ayi g'aghota atumatu Chineke maka Baptism miri, oputara na mgbe emere ayi baptism na otutu " ihe "ihe kwesirimihapu anyi. Anyi na Hesus la eliri. Nke a bụ oke ihe, ọchịchọ ime mmehie, ihe anụ ahụ na ndụ anyị, ka anyị lie ya na ya, ghara ibilite na mmehie ọ bụla, kama na ezi omume.

Mgbe Jisos nwuru n'elu obe O bara n'ili ahu buru mmehie

nke uwa nile na ahu Ya, O banyere n'oku muo wee buru ugodi ndia ma chupu ha na ekwensu o wee kwuo si " agamau anye ugodi ndia nzuputara- Jizọs meriri n'agha ebe a maka mụ na gị.

Obu ihe mere odi nkpa ka eji me ayi baptism. Ọ be otu n ime ihe kwesiri ime na mmụọ anyị.

Site na ime mmiri baptism Jizọs gwara ekwunsu, "**Igaghịkwa** -achịkwa ha. Mgbe ha na-agbadata n'ili mmiri a, **ihe niile** na i nwere n'ime ha apụwo. M ga-eme ka ha nwere onwe m, aga m azụlite ha na ndụ ọhụrụ, aga m azụlite ha n'ike nke mbilite n'ọnwụ m. I nweghi ike karie ha n'elu Setan, ana m ewepu gi ya ma tinye ya n'aka ha. Ugbu a, ha nwere ike na ikike gị. "

Gịnị ka anyị na-akụzi? Gịnị ka enyerela mmadụ? Setan enweghị ike ọzọ n'ahụ gị mgbe ị banyere na mmiri ahụ, ị ga-atọgbọ anụ ahụ ochie ahụ, tinye n'ime mmiri ahụ. Just gha enyeghachi ahu ahu mmadu ahu nye Setan ma gwa ya ka o weghachi ya n'olulu. Ugbu a, isite na Baptism nke mmiri pụta na ike mbilite n'ọnwụ nke Jizọs Kraịst.

Are na-apụta; nwụrụ n'ebe ahụ wee hapụ ụwa nke anụ arụ. Dika Jisos bulitere gi O wee bulite gi n'ime ndu Mbilite n'onwu, O tinye n'aka gi nkpisi ighe nke ala eze, igodo nke n'isi Setan. Gerem nti... O me-kwa-ra ka unu puta n'onwe-unu, nke emere ka unu pua na nmehie site n'ọbara ya na onwu ya. Ọbụnadị dịka O si were mkpịsị ugodi nke Setan, mgbe ị na-apụta na Ya n'ike nke mbilite n'ọnwụ - ị nwere igodo ugbu a n'aka gị!

Nka bu okwu Chineke; nka bu ike nke ozioma, nke ala eze Chineke, na otu Mo a nke mere ka Jisos si na ndi nwuru anwu me ka aru gi di ndu.

Si n'ime ohuru nke ndu puta n'puta mmiri a, imuputa ihe ekere eke ohuru, oburu n'onye nke Chineke puta. Ọ bụghị mmiri... mana ọ bụ ihe Jizọs kwuru ka ọ mee, Ọ ga-eme ka anyị nwere onwe anyị.

Mana ọ bụrụ na anyị amaghị eziokwu, olee otu anyị ga-esi

Gịnị Bụ Baptizim Mmiri?   55

banye na ya? Nke a bụ otu nkuzi bara ezigbo uru maka anyị ịbanye n'ike na ikike nke Jizọs Kraịst.

Ebe a ka amara bidoro...

Site na Baptizim nke Mmiri, a na-ahapụ mmehie n'ili mmiri, amara amara amalite, leekwa ka amara ahụ si dị ukwuu. "

Okwu a pụtara Chukwu, na-egosipụta njiri mara ma ọ bụ ọdịdị nke Chineke. Mana ime baptizim mmiri abụghị naanị anyị ka anyị na-egosipụta njimara nke Chineke. Ọ bụ odidi Ya, n'ime anyị. Mgbe emere anyị baptism, Chineke na-agwa mmụọ anyị, dịka o kwuru banyere Jizọs, "Onye a bụ Ọkpara m M hụrụ n'anya." O na agwa anyi okwu banyere odidi ya. Dị ka a ga - asị na anyị emehieghị. Ọhụụ a hụrụ ihe Chineke hụrụ n'anya n'anya.

Nke a bụ mmalite nke usoro.

Mụọ nkwupụta na ajụjụ dị n'okpuru ma kwe ka Chineke kpughere gị ike nke Baptizim.

ONYE bụ Jọn Baptist?

Jọn Baptist bu onye izizimere baptism mmiri. Jọn biara idoziri obi ndi madu site na ikwusa na baptism. Nke a bụ ihe dịịrị ndị Juu ohuru, naanị ha ihe ha mara bu ichu aja ma saa ha mmiri.

Aisaia 40:3 Olu olu onye ahu nke nede nkpu n'ọzara, si, Dozienu uzọ Jehova, me ka okporo-uzọ Chineke-ayi guzozie na mbara n'ọzara.

Mark 1:1 mmalite nke ozi ọma nke Jizọs Kraịst, Ọkpara Chineke; 2 Dika edeworo ya n'akwukwo, lee, Mu na eziga onye ozim n'iru gi, onye gha edozie uzo gi n'iru gi. 3 Nuru olu onye ahu n inti nkpu n'ọhia, si, Dozienu uzọ Jehova, me ka okporo-uzọ-ya guzozie. 4 Jọn mere ọzara n'ime ọzara, kwusa kwa baptism nke baptism ka ewe gbue nkpuru. 5 Ala nke Juda nile na ndi Jerusalem we pukuru ya, ha nile nwu-kwa-ra ya na Osimiri Jọdan, ha n confesskwuputa ihe ha kwuru.

Jọn Baptist kwuru na anyị ga-amịrị mkpuru na egosi ezi

okwukwe. Ihe omuma atu gunyere: obi oma, obi oma, ihunanya, obi oma, ime ihe n'eziokwu, ikpe ziri ezi, ikwesi ntukwasiobi, obi oma, idi nwayọ, obi gi na obi uto.

Luk 3:8 Ya mere mianu nkpuru kwesiri nkpuru, ma ebido n'etiti onwe unu, Ayi nwere Abraham n'ebe nna anyi nọ: n'ihi na asim gi, na Chineke puru ime ka umu tolitere Abraham.

Jọn Baptist buru amụma na Messiah na-abịa, ma Ọ "ga-eji mmụọ nsọ na ọkụ mee ha".

Luk 3:16 zara, si ha niile, Mu onwem jiri mmiri mee unu baptism; kama otù onye ka ikem kari, abia, onye n Inweghi ka eyikwasi akpukpọ-ukwu-ya: ọ g withji Mọ Nsọ na oku mee unu baptism:

Omumaatu nke Baptism na agba ochie

Mgbe mgbe, Chineke doziri ndị nke Ya atụmatụ nke ọdịnihu site na ọmụmaatụ. Israel mere Moses baptism n'igwe ojii na oke osimiri ahụ.

1. Ndị Kọrịnt 10: 1 Ọzọkwa, ụmụnna m, agaghị m achọ ka unu ghara ịma, na nna anyị niile nọ n'okpuru igwe ojii, ma ha niile gabigara n'oké osimiri;
2. Ewe me ha nile Moses baptism n'igwe-oji na n'oké osimiri;

N'IHI ginị ka Jizọs họọrọ ka emee Ya Baptizim?

Jizọs biara Osimiri Jọdan ka Jọn me ya baptism. Mgbe Jọn choro igbochi ya Jizọs rịọrọ ka Jọn "kwe ka ọ gazie n'oge a" ka "wee mezuo ezi omume niile" Jizọs rubere Chineke isi na Baptizim Mmiri iji gosi anyị otu ihe atụ. Mọ Nsọ dakwasiri Jisos mgbe emere ya baptism.

Matiu 3:13 Mgbe ahu Jesu si na Galili bia rue Jọdan rue ka eme ya baptism. 14 Ma Jọn n himb himochi Ya, si, Ọ di mu

Gịnị Bụ Baptizim Mmiri? 57

onwem nkpà ka I mem baptism, Gì onwe-gi nābiakutekwam? Ma Jisus zara, si ya, Kwerem ub nowu a: n'ihi na otú a ka ọ kwesiri ayi imezu ezi omume nile. O we kwere ya. 16 Ma mb, e emere Jisus baptism, ngwa ngwa isi na miri rigota: ma, le, elu-igwe megheworo ya, o we hu Mọ nke Chineke ka Ọ n descfeda dika nduru, n andsurekwasi ya: 17 ma le olu site n'eluigwe, si, Onye a bụ Ọkpara M hụrụ n'anya, Onye ihe Ya dị m ezi mma.

1 Pita 2:21 N'ihi na akpọrọ gị otu a: n'ihi na Kraist tara ahụhụ n'ihi anyị, na-ahapụrụ anyị ihe atụ, ka ị soro ije ya:

Abasi ama ọnọ Jọn idiọñ ọ ke Jizọs edi Christ Messiah; nakwa na ọ ga-ahụ mmụọ nsọ "naagbadata ma na-adigide ya."

Jọn 1:29 N'echi ya, Jọn hụrụ Jizọs ka ọ na-abịakwute ya, ọ sịrị, Le, Nwa-atụrụ nke Chineke, Nke na-ewepụ mmehie nke ụwa. 4:30 Onye a bu onye mu onwem kwuru okwu bayere ya, si, Otù Nwoke biara n'azum Onye burum uzọ: n'ihi na Ọ buri Onye mbu n'ebe m'nọ. 31 Mu onwem amaghi kwa Ya; ma ka eme Ya ka Ọ puta ìhè nye Israel, mu onwem abiawo n baptiji miri eme baptism. 32 Jọn we b recorda àmà, si, Ekiriwom Mọ Nsọ ka O si n'elu-igwe nendingfeda ka nduru; O we nọgide n'aru Ya. 33 Mu onwem amaghi kwa Ya: ma Onye ziterem ka m'were miri me baptism, Onye ahu sirim, Onye ọ bula I gāhu Mọ Nsọ ka Ọ n descfedakwasi Ya, nānọgide kwa n'aru Ya, Onye ahu bu Onye ejiri Mọ Nsọ eme baptism.

GỊNỊ bu Baptism nke miri?

Baptism nke mmiri bụ mgbe onye kwere na Jisọs kwere onwe ya ka emee mikpuo ya na mmiri nke na-egosi onwu na nbilite n'onwu nke Jisos Kraist.

Olu ndi ozi 8:36 Ka ha na-aga n'ụzọ, bịarutere otu mmiri: ọnaozi ahụ wee sị, Lee, mmiri dị; G in i naegbochi m ime baptizim? 37 Filip we si, Ọ buru na i ji obi-gi dum kwere. O we za, si, Ekwerem na Jisus Kraist bu Ọkpara Chineke. 38 O we kwue ka ubiotọ-ala-ya guzo: ha abua we rida na miri, ma Filip ma onozi ahu; o we me ya baptism.

Soro Jizọs n'ili site na Baptism:

- Ebibiwo DNA - (ụdị mmehie) nke Adam
- Dochie DNA - (Ọdịdị ọhụụ) nke Jizọs Kraịst.

Site na Baptism nke miri, anyị jiri ụdị mmehie nke Adam jiri ọfụma nke Jizọs Kraịst gbanye ụdị mmadụ Adam!

Anyị abụghịzi ndị ohu nke mmehie, kama n'ịhụnanya, anyị bụ ndị ohu nke ezi omume

Site na Baptism nke Mmiri, Mọ Nsọ nyere anyi ike ibi ndu nke inwere onwe ya na nmehie.

Anyị ekwesịghị ikwe ka mmehie chịa ma nwee ike chịa n'arụ anyị. Anyị nweere onwe anyị ibi na eziomume nye Chineke. Anyị abụghịzi ndị ohu nke mmehie, kama n'ịhụnanya, anyị bụ ndị ohu nke ezi omume.

Ndi Rom 6: 3 Knownu amataghi na otutu anyi bu ndi emere baptism iba n'ime Jisos Kraist emere baptism iba n'onwu ya? 4 Ya mere esiri ayi na ya puta site na baptism iba na onwu: na dika emere ka Kraist si na ndi nwuru anwu bilie site na otuto nke Nna, ya mere ayi onwe ayi gejeghari na ndu ohu.

Rom 6:18 Ebe emeworo ka unu si na nmehie wezuga onweunu, unu ghọrọ ndi-orù nke ezi omume.

ONYE ka ekwesiri ime baptism mmiri?

Baptism nke Mmiri - Nkwupụta na Uwa!

Rịba ama na e mere mmadụ nile baptism. Nke a bụ akara nke onye na-eso ụzọ Kraịst. Ọ bụ nkwupụta ka mmadụ niile hụ.

Gịnị Bụ Baptizim Mmiri?

N'ọtụtụ ọdịnala, ozugbo ịmere gị Onye Kraịst, a ga-ewepu gị ma ọ bụ gbuo gị. Are na-asị, 'Ekpebiela m iso Jizọs ... Agaghị echigharị azụ'

1 Ndị Kọrịnt 12:13 N'ihi na ọ bụ n'otu mmụọ ka e mere anyị niile baptism n'otu ahụ, ma ànyị bụ ndị Juu ma ọ bụ ndị mba ọzọ, ma ànyị bụ ndị ohu ma ọ bụ n'efu; eme-kwa-ra ka ayi nile intoua miri ahu.

Mark 16:16 Onye nke kwere nke emekwara ya baptism, agazoputa ya; ma onye nke na-ekweghị, a ga-amakwa ikpe.

Ọrụ Ndịozi 2:38 Pita wee sị ha: Chegharịanụ, ka e meekwa unu niile n'otu n'otu na aha Jizọs Kraịst maka mgbaghara mmehie, unu ga-anatakwa onyinye nke mmụọ nsọ.

JIZỌS gwara anyị ka anyị mee mba niile baptizim.

Matt 28:18 Jizọs bịarutere ma gwa ha okwu, sị, Ewere m ike nile n'eluigwe na n'elu ụwa. 19 Ya mere, gaanụ, zie mba niile, na-eme ha baptizim n'aha nke Nna, na nke Ọkpara, na nke mmụọ nsọ: 20 naezi ha ka ha debe ihe niile m nyere unu n'iwu: ma, lee, m nọnyeere rue mbe ikpe-azu nke uwa.

Edebere na "Ikwe Ka Udo Zuru Chineke nke Chineke" site Rev. Agnes I. Numer

Jizọs Ebibila "Nwoke Ochie Ahụ nke Mmehie"

I mara, a zụrụ m n'ụlọ ụka na-ekwu maka ido nsọ. Ma mgbe m bidoro ịgụ Okwu ahụ ụzọ

Chukwu nyere m, ahụrụ m ihe dị iche. Ha na-ekwu maka nwoke ochie nke mmehie.ihutugo ya? ezuturu ya? Ndia mere otutu ndi nke Chineke na otu egwu? O nweela ọtụtụ Ndị Kraịst iwe. I mara ihe nke ahụ pụtara? M na-eche na, nke ọma, ọ bụ anụ arụ gị na-egosi. Ojiji a bụ ngosipụta n'ime ụlọ ụka a zụlitere m na ya. Ọ bụrụ na ị welitere olu gị ma ọ bụ kwuo ihe na-anabataghị ha, "Oh, nke ahụ bụ anuaru gị na-egosi!" Enwetara m ozi ọma maka gị. Jizọs kwuru na o were ya ga na obe. O gbaghaara mmehie anyị site n'ọbara ya nke awụsịrị. O bibiri mmehie Adam n'ime gị, yabụ gịnị ka O mere? O were ya n'obe. Ọ bụ ọbụbụ ọnụ etinye na ọdịda nke mmadụ. **Jizọs weere ya ga n'obe.** Mgbe e mere anyị emere baptsm mmiri, anyị nwere ihe ùgwù iburu "nwoke ochie ahụ" gaa ebe ahụ ma lie ya. Ọ ga-eme ka anyị buru agadi nwoke ahụ mmehie ... mana Ọ bibiri ya n'elu obe, bibie ike ya n'elu obe... maka Onye Kraịst ọ bụla, ga-anụ ya ma rubere ya isi. You ga-agbada n'ime mmiri ahụ, ili nke Dinwenụ, ị ga-elikwa okenye ahụ n'ebe ahụ. Ọ nọghị ndụ mgbe ị na-agbadata. Ọ nwụọlarị, ọ nwụrụ n'obe. **Ma inwere ikike nlere ili ya,** yabụ ị mara n'ezie na ọ naghị adị ndụ.

Lee obi utom mgbe Chineke megherem Akwụkwọ Nsọ ahụ n'ihi na echere m na ndụ m niile, aga m ịnagide nwoke ochie ahụ nke mmehie ma sorokwa Jizọs jee ije. Daalụ Chineke ọ bụghị eziokwu!

Anyị nwere ike inwe ọtụtụ ihe anyị kwesịrị iwepu, mana anyị nwere Jizọs ma Ọ ga-ewepu ya maka anyị. Amen!

O kwuru na ọ dị ezigbo mkpa ka anyị mee baptism mmiri ba n'ime Jizọs Kraịst. Ọ bụghị n'ime chọọchị, ọ bụghị na chọọchị Metọdist, ọ bụghị n'ime chọọchị Baptist, ọ bụghị n'ime Chọọchị Katọlik, kama n'ime Jizọs Kraịst. Baptism nke Jọn bụ baptizim nke nchegharị, mana baptizim nke Jizọs bụ iduba anyị n'ime Ya. Ma Ya onwe-ya batara n'ime ayi n'eme ka anyi nwe mmuo mmuo. **Abughi nke agbụrụ Adam, kama obu ihe ekere eke** – ihe okike ohuru site n'aka Jisos Kraist, dika anyi na agbada n'elu obe na dika anyi na agbada n'ime mmiri. E liri nwoke ochie ahụ n'ebe ahụ, agaghị ebili ọzọ, ọ bụrụhaala na anyị kwere ka Jizọs Kraịst bụrụ Onyenwe anyị na Eze n'eze Ya na ndụ anyị.

Ọ bụrụ na anyị ahapụ Ya, anti ga aga na ọkụ mmmụọ. I ga-agabiga ihe ọjọọ niile nke ekwensu nwere maka gị. Ma oburu na ijidesie Onyenwe anyi ike ma mee ihe O kwuru, oru aka a O nyere anyi zuru ezu na Jisos Kraist. "N'ime Ya ka anyi bi, anyi na

-aghari, anyi nwere agwa anyi." **Ọ bụ ya naenye anyị udo zuru oke, ọ ga-anọnyere anyị.** O chiri ya nye anyi. O mere ka o kwe anyi omume. O mere ka o kwe anyi omume ime baptism n'ime mmiri, kwa, ka anyi we nwere onwe anyi n'aka nwoke ochie nke mmehie, ka anyi wee biri n'udo ya, bibie ihe nile na ndu a."

Chineke enyego anyi eziokwu.

NYOCHAA: GỊNỊ BỤ BAPTIZIM NKE MMIRI?

1. _____ _____ bụ mgbe onye kwere na Jizọs kwere onwe ya ka e mikpuo ya na mmiri nke na-anọchite anya Ọnwụ na Mbilite n'ọnwụ nke Jizọs Kraịst.
   a. na-ekwupụta mmehie
   b. ime mmiri
   c. onye mmehie
   d. onye kwere ekwe ohuru

2. Baptism nke mmiri _____ nke DNA - (ọdịdị _____) nke Adam na _____ ya na DNA (ọdịdị _____) nke Jizọs Kraịst.

3. Anyị abụghị ndị agbụrụ Adam, kama anyị bụ ihe e kere ọhụrụ - ihe okike ọhụrụ nke Jizọs Kraịst guzobere ebe ahụ.
   a. Eziokwu
   b. Ugha

4. Site na Baptism nke Mmiri, anyị _____ dị _____ ọdịdị nke Adam na _____ ọdịdị nke Jizọs Kraịst!

5. Site na Baptism nke miri, Mọ Nsọ nyere anyi ike ibi ndu nke inwere onwe ya na nmehie.

a. Eziokwu
b. Ugha

6. Ole ndi O kwesiri ka emere ha mmiri?
a. naanị ndị ụka
b. ndị gụchara klaasị ọhụrụ
c. onye obula nke kwenyere na Jisos bu nwa Chineke nwuru onwu n'ihi mmehie anyi
d. Naanị ndị Jentaịl kwere ekwe

Isi 9

ONYE BU MMUO NSO?

Chineke bụ otu. Inugo maka Chineke Nna, Chukwu Ọkpara na Chukwu Mụọ Nsọ - nke a bụ otu Chukwu. Atọ n'ime Otu. Mmiri, ice na uzuoku bụ mmiri dị iche iche - ha niile ka bụ mmiri - mana ụdị dị iche iche; otua ka Chukwu di.

Nke a bụ ihe anyị aghọtaghị ngwa ngwa maka na anyị nwere ike ịnọ n'otu ebe n'otu oge. Mana chebara nke a echiche, anyị bụ mmụọ, onye bi n'ime ahụ, nweekwa mkpụrụ obi. Nke ahụ na-eme anyị n'onyinyo nke Chukwu. Mgbe anyị nwụrụ, e lie anyị, ma mmụọ anyị dị ndụ ebighebi.

Mụọ nkwupụta na ajụjụ dị n'okpuru na **kwe ka Chineke kpughere Onwe-ya nye gị.**

ONYE bụ mọ nsọ?

Mọ Nsọ bụ Chukwu. . Ọ na-bụ mmadu. Mmụọ Nsọ bụ onye na-enyere anyị aka ịghọta mmehie anyị. O nweghi aru aru n'ihi na O bu Mmuo. Mgbe ụfọdụ, ndị mmadụ na-akpọ Ya Mmụọ Nsọ. Nke a bụ naanị okwu dị iche nke pụtara na mmụọ nsọ. Naturedị Chineke bụ ịhụnanya, ebe ọ bụ na Mmụọ Nsọ bụ Chineke, Ya onwe ya bụ ịhụnanya.

Ọrụ nke Mmụọ Nsọ bụ n 'ụwa. Ọ na - arụ ọrụ n'obi ndị mmadụ. O nwere ike ịgwa anyị okwu n'ime obi anyị; Anyị nwere ike ịnụ Ya ma ọ bụ were mmụọ anyị hụ ya. Ọ na - enyere anyị aka inwe obi iru ala mgbe anyị mere mmehie. Mụọ Nsọ nọ ebe ahụ mgbe Chineke kere ụwa.

Jenesis 1:26 Chineke wee sị, Ka anyị mee mmadụ n'onyinyo anyị, dịka oyiyi anyị: ...

Agba Ochie bụ akụkụ izizi nke Akwụkwọ Nsọ edere tupu amụọ Jizọs. E dere Agba Ọhụụ mgbe amụọ Jizọs. Ọ bụ ndị mmụọ "kpaliri" dere akwụkwọ ochie nile.

2 Pita 1:21 N'ihi na amuma a abughi n'oge ochie site na uche mmadụ, kama ọ bu ndi nsọ nke Chineke kwuru ka Mọ Nsọ darita ha.

Mmụọ Nsọ nwere ike "na-akpali" obi anyị ime ihe, nke pụtara na O na-enye anyị ike puru iche nke sitere na Chineke oge ụfọdụ ime ihe Chineke chọrọ.

Nke a bụ ọmụma-atụ sitere na agba ochie nke ike nke Chineke nyere site na mmụọ nsọ. Amamihe - Solomon, I Ndi Eze 4: 29-32, Ihe omuma - Elaisha, II Ndi eze 5: 25-27, Ntughari nke Mo - Ohu Sọl, - 1 Samuel 16: 14-15, okwukwe - Joshua, Joshua 10: 12-14 , Ebube - Elaija I Ndi Eze 17: 17-24, I Ndi Eze 18:38, Agwọ - Aisaia II Ndi Eze 20: 5, Amuma - Balaam Onu Ogugu 23:24.

Onye bu Mmuo Nso?

Anyị nwere ike ịrịọ mmụọ nsọ maka **ikike pụrụ iche** mgbe obula anyi choro ka ha mee ihe Chineke choro. Ọ nọ ebe a maka iji nyere ndị Chineke aka ime uche Chineke na .wa.

ONYE bụ mmụọ nsọ nye anyị?

Mmụọ Nsọ bụ:
Onye Nkuzi anyi. Ọ na-edu anyị ma na-edu anyị n'eziokwu. Ọ 'ga-eduga anyị' pụọ n'ụgha na aghụghọ. Ever nwetụla mgbe ị na-ahọrọ ihe n'ime ụlọ ma duziere mmadụ na ya site na iji okwu "ka ọkụ" ma ọ bụ "oyi"? Anyị ga-amalite ịmụ "ihe nzuzu" ahụ n'obi anyị. Anyị ga-amụta "ịnụ olu Ya" Anyị nwere ike ịtụkwasị Ya obi ka ọ kụziere anyị ihe.
Onye nkasi obi anyi. Ọ ga-anọnyere anyị oge niile, n'ọnọdụ ọ bụla, nsogbu niile ma ọ bụ ọ .ụ ọ bụla. Ọ chọrọ ka anyị nwee mmetụta nke ọnụnọ ya na anyị. Justnyε yεn aniwu. Anyị nwere ike ịtụkwasị Ya obi ka ọ kasie anyị obi.
Onye Inyeaka anyị. Ọ na enyere anyị aka ikpe ekpere ọbụlagodi na anyị amaghị ihe anyị ga-ekwu. Ọ ga enyere anyị aka n'ọtụtụ ụzọ. Ọ ga-enye anyị ike pụrụ iche nke sitere na Chineke. Anyị nwere ike ịtụkwasị Ya obi inyere anyị aka ibi ndụ n'ụzọ nke Chineke.
1 Ndị Kọrịnt 12: 1 Ugbu a gbasara onyinye nke mmụọ, ụmụnna m, agaghị m achọ ka unu ghara ịma .... 8 N'ihi na mmadụ ka enyere site na Mọ Nsọ okwu nke amam-ihe; nye onye ozo okwu amuma site na otu Mụọ ahu; 9 Nye okwukwe ọzọ site na otu Mọ Nsọ; nye onye ozo onyinye amara site na otu Mụọ ahu; 10 Onye ọzọ bụ ọrụ ebube; nye amụma ọzọ; nye onye ozo nghọta nke mmuo; nye onye ozo asusu ozo di iche; nye onye ọzọ isi asusu asusu: 11 Ma ndia nile n workme otù Onye ahu na Onye ahu bu Onye ahu, Nke n dividkesa onye ọ bula ihe dika Ọ chọrọ.
IMuo nso kwesiri ntukwasi obi, gwa ya okwu

NYOCHAA: ONYE BỤ MMỤỌ NSỌ?

1. Chineke anyị bụ:
a. Atọ na otu
b. Nna, Ọkpara, na Mụọ Nsọ
c. Otu Chukwu
d. Nke niile dị n'elu

2. Olee otú e si kee anyị n'onyinyo Chineke?
a. Mmuo, Nkpuru na aru
b. Mmiri, ice na uzuoku
c. Ike ịnọ ebe niile n'otu oge
d. Anyị dị adị mgbe niile

3. Mọ Nsọ:
a. Bụ Chukwu
b. Enweghi aru aru
c. Nke niile dị n'elu
d. Ọnweghị nke ọ bụ

4. Ọ bụ ndị mmadụ sitere na mmụọ nsọ kpaliri Agba Ochie.
a. Eziokwu
b. Ugha

5. Muo nso puru inye mmadu ikike puru iche dika:
a. Ihe omuma
b. Buo amụma
c. Ọrụ Ebube
d. Nke niile dị n'elu

6. Mụọ Nsọ dị ebe a maka iji nyere ndị Chineke aka ime uche Chineke n'Earthwa
a. Eziokwu
b. Ugha

7. Dika onye nkuzi anyi, Mmuo Nso duru anyi baa n'ezi.
a. Eziokwu
b. Ugha

8. Mmuo nso puru inyere anyi aka ikpe ekpere obuna mgbe anyi amaghi ihe anyi ga-ekwu.
a. Eziokwu
b. Ugha

Isi 10

GINI BU BAPTISM NKE MỌ NSỌ?

Mụọ nkwupụta na ajụjụ dị n'okpuru ma kwe ka mmụọ nsọ kpughere gị onwe ya.

Gịnị bu Baptism nke Mọ Nsọ?

Ebum n'uche nke Chineke ime ka ndi mmadu laghachi n'onwe Ya kwụrụ ụgwọ maka Jizọs na ọ bịara ịnwụ n'ebe anyị nọ n'elu obe. Nke a megheere ndị mmadụ mmehie ha. Àjà ndị agba ochie naekpuchi naanị mmehie anyị gara aga, a na-eme ya kwa afọ;

mana Jizọs bịara iweghachi ndị mmadụ n'ebe Nna Chineke nọ. Anyị nwere ike ịbịakwute Ya oge ọ bụla site n'aka Jizọs.

Chineke atụsi anya ike iso anyị soro ọzọ soro anyị kwarịta ụka ma nye anyị ike pụrụ iche anyị funahụrụ. E si n'aka Jizọs meghe ụzọ. Jizọs ghaghaghachikwute Nna ya mgbe ọ nwụrụ ma si n'ọnwụ bilie ọzọ ka O wee zitere anyị mmụọ nsọ. Ọ matara etu anyị chọrọ ka mmụọ Ya biri na US ọ bụghị naanị US.

Jọn 14:17 Ọbụna Mmụọ nke eziokwu; Onye uwa nāpughi inara, n'ihi na Ya onwe-ya adighi-ahu ya, ọ dighi-ama kwa Ya: kama unu mara Ya; n'ihi na ya na unu ebiri, Ọ ga-anokwa n'ime unu.

E kwere anyị nkwa ọzọ

Mụọ Nsọ amaala anyị ikpe banyere mmehie anyị, jiri ọbara Jizọs mee ihe, dọrọ anyị bịakwute Jizọs, na-edu anyị ma na-eduzi anyị; mana enwere ihe! Nna Chukwu kwere nkwa karie, Jisos kwuru banyere ya obuna Jọn Baptist kwuru na KWES .R..

Jọn Baptist kwuru na Jizọs ga-eji mmụọ nsọ na ọkụ mee anyị baptizim. Ọkụ na - asacha ma mee ka ọ dị ọcha, na - enye ọkụ na ikpo ọkụ (ịnụ ọkụ n'obi na nkwuwa okwu). Luk 3:16 - Ọ ga eji mmụọ Nsọ na ọkụ mee unu baptizim.

Matt 3:11 Mu onwem jiri mmiri me gi baptism ba na ncheghari: ma onye ahu nke no n'azu karm nke-uku, onye akpukpoghm akpukpo-ụkwụ-ya: ọ g shallji Mọ Nsọ na ọku mee unu baptism:

Kedu otu Jizọs siri kọwaa ọbịbịa nke Mmụọ Nsọ?

Anyị ga- **anata ike.**

Ọlụ Ndị Ozi 1: 8 Kama ị ga-anata ike, mgbe Mụọ Nsọ ahụ dakwasịrị gị: ị ga-abụkwa ndị akaebe m na Jerusalem na na Judia dum na Sameria na ruo na nsọtụ ụwa.

Anyị ga-enwe **osimiri nke mmiri na-enye ndụ** na-esikwa na anyị apụta.

Jọn 7:38 Onye kwere na m, dịka akwụkwọ nsọ siri kwu,

Gini bu Baptism nke Mọ Nsọ?

n'afọ ya ka mmiri nke ndụ na-asọ ga-asọ. 39 Ma nka ka O kwuru bayere Mọ Nsọ, nke ndi kwere na Ya gānara: n'ihi na ak yetnyeghi Mọ Nsọ, n'ihi na enyeghi Jisus otuto.)
    Nke a bụ ihe **Nna m ekwere** gị na nkwa. Luk 24:49 - Lee, eziterem nkwa nke Nnam n'elu unu.
    Ọlụ Ndị Ozi 1:4 - O nyere ha iwu ka ha ghara isi na Jerusalem pụọ, kama ichere nkwa nke Nna.
    Luk 11:13 - Ole ka Nna gi nke elu-igwe gesi nye ndi na-aju Mmuo Nso Nso?
    Ọlụ Ndị Ozi 2:39 - N'ihi na nkwa diri gi, ya na umu gi, ma ndi nile nọ ebe di anya, ka ndi nke Chineke anyi g'eji mara.
    Agwara ha na ha gha echere mo nso
    Anyị enweghị ike iji aka anyị mee ihe Chineke chọrọ. Anyị kwesịrị jupụta n'ike Ya. Ọ bụ nke a mere Jizọs jiri sie ọnwụ na ha ga-echekọ ruo mgbe ha ga-enweta ike mgbe mmụọ nsọ bịara... mgbe ahụ ha ga-abụ ndị akaebe ya. Ọrụ 1: 4

Gịnị Ka Ha Mụtara?

Onwere ihe gbanweere ndi mmadu n'eso Jisos mgbe o laghachiri n'eluigwe. Mgbe ha chechara ụbọchị iri ise, n'ụbọchị ndị Juu kpọrọ Pentikọst, ha hụrụ ihe niile Jizọs kwere ha na nkwa. Ha natara Baptism nke Mo Nso na oku.

> Ọrụ Ndịozi 2:1 Ma mgbe ụbọchị Pentikọst zuru, ha niile ji otu obi, n'otu ebe. 2 Na mberede ụda nke si n'eluigwe dị ka nke oké ifufe naefe efe, o wee ju ụlọ ahụ niile ebe ha nọ. 3 Ewe me ka ha hu okwu ire, dika nke ọku, o we nọkwasi ha nile n'otù. 4 Ha nile juputara na Mmuo Nso, wee malite ikwu asusu ozo, dika Mmuo ahu nyere ha ikike ikwu. 5 Ma ndi-Ju bi na Jerusalem, ndi nātu egwu Chineke, site na mba nile n'okpuru elu-igwe. 6 Ugbu a, mgbe a na-ekwupụta nke a na mba ọzọ, ìgwè mmadụ gbakọtara ma nọrọ ná mgbagwoju anya, n'ihi na mmadụ niile nụrụ ka ha na-ekwu okwu n'asụsụ nke ya. 7

Ibobo we nwua ha nile n'aru, ha sirita onwe ha, si, Ndi a nile abughi ndi Galili? 8 Olee kwa otu anyị si anụ onye ọ bụla n'asụsụ nke anyị, nke amụrụ anyị n'ime ya? 9 Ndi Patia, na Midia, na ndi Ilam, na ndi bi na Mesopotemia, na Judia, na Kapadoshia, na Pọntọs na Esia, 10 na Frijia, na Pamfilia, n'Ijipt, na n'akuku Libia gbasara Sairini, na ndi ala ọzọ nke Rome, Ndị Juu na ndị na-eso ụzọ ndị Juu, 11 ndị Cretes na ndị Arab, anyị nụrụ ka ha na-ekwu n'asụsụ anyị, ọrụ dị ebube nke Chineke. 12 Ibobo we nwua ha nile n'aru, ha we nwe obi abua, sirita onwe ha, Gịnị bu nka? Ndị ọzọ na-akwa emo kwuru, sị, Ndị a jupụtara mmanya dị ọhụrụ. Gi onwe-gi ge kwa nti okwum:

    Ọlụ Ndị Ozi 2:15 N'ihi na ndị a abụghị ị dụbiga mmanya ókè, dị ka ị na-eche, n'ihi na ọ bụ awa nke atọ nke ụbọchị. 16 Ma nke a bụ ihe onye-amụma Joel kwuru; 17 Ọ g comeru kwa n'ikpe ikpe azu, (ọ bu ihe si n'ọnu Jehova puta), M'gāwukwasi Mọm n'elu anu-aru nile: umu-gi ndikom na umu-gi ndinyom g shallbu kwa amuma, umu-okorọbia-gi gāhu ọhù, umu-okorọbia-gi gārọ nrọ. 1: 18: 18 na kwa ndi oru m na ndi oru m ndi nwanyi ka m gha awusi na ubochi mmuo m; ha g shallbu kwa amuma: 19 M'g shegosi kwa ihe-ebube di n'elu-igwe, buru kwa iheiriba-ama n'elu uwa n'iru; ọbara, na oku, na anwuru-ọku nke anwuruanwu: 20 Anyanwu gāb intoanwe ghọ ọchichiri, ọnwa gāb intoanwekwa-ra ọbara, tutu ubọchi a di egwu nke Jehova abiawo.

Ihe omume rụrụ Baptism nke Mmụọ Nsọ kpatara?

Obi ike

    Otu nwoke ahụ, Peter, onye tufuru egwu ịnabata ohu nwanyị na ya bụ onye na-eso ụzọ Jizọs nwere obi ike dị ukwuu nke na o guzoro n'ihu ọtụtụ puku mmadụ ma kwupụta na Jizọs bụ Ọkpara Chineke na mmadụ niile. shouldm mmad ghachèghar anda chighar kwute Chineke. **Ozi si n'aka Chineke**

Gini bu Baptism nke Mọ Nsọ?

Mọ Nsọ nyere ike pụrụ iche nke igwa ndi mmadu okwu Chineke

Nkwenye

Nke a bụ mgbe Mmụọ Nsọ na-arụ ọrụ n'ime obi mmadụ ma nyere ya aka ịghọta na iwere mmehie ya. Dika okwu ndi mmadu kwuru n'ozi ahu kpaliri

Ncheghariị

Puku kwuru puku mmadụ kwetara mmehie ha na mkpa ha maka Chukwu maka Mmụọ Nsọ na-eme ka obi ha kweta ma na-eduga ha n'ichegharị. **Na-ekwu Asụsụ**

Ndi nile ndi emere baptism na Mo Nso ji asusu di iche nele dika Mmuo Nso si nye ha okwu. Offọdụ n'ime ha kwuru asụsụ ha na-amụtabeghị, mana ndị si mba ndị ọzọ nụrụ ya nwere ike ịghọta. Ihe ịrịba ama a mere ka ọtụtụ mmadụ kwenye na Chukwu nọ n'ọrụ.

Ọrụ Ebube

Mmụọ Nsọ nyere ndịozi ike pụrụ iche iji rụọ ọtụtụ ọrụ ebube nke na-eme ka ndị mmadụ kwenye na ihe na-eme sitere na Chineke.

Ọlụ Ndịozi 2:43 fearjọ we jide mkpụrụ obi ọ bụla: ọtụtụ ndị ọrụ ebube na ihe iriba-ama site na ndịozi mere.

Nkwa a bụ maka anyị taa.

Peter kwuru na nkwa a bụ maka ha, maka ụmụ ha na maka ndị ga-adị ọtụtụ ọgbọ site mgbe ahụ. Ọ bụ maka mmadụ niile oge niile. Ihe a ka nna choro kemgbe. .... Imeghachita anyi ihe anyi furu efu n'ihi mmehie na ibu ndi ya juputara na mmuo ya, site n'ike ahu dika ha huworo na Olu 2

Ọlụ Ndị Ozi 2:39 N'ihi na nkwa a dịịrị gị na ụmụ gị na ndị niile nọ ebe dị anya, ọbụladị ka Onyenwe Chineke anyị ga-akpọ.

Onye puru inweta baptism nke Mo Nso?

Onye obula cheghariri ma mee ya baptism

38 Pita we si ha, chègharia, me kwa unu nile baptism n'aha

nke Jisos Kraist ka ewe gbaghara unu nmehie nile unu, inata onyinye nke Mo Nso.

Onye obula juo Nna Chineke ka O nye Mmuo Nso

Luk 11:13 - Ole ka Nna gi nke elu-igwe gesi nye ndi na-aju Mmuo Nso Nso?

Onye obula g'enweta onyinye a

Chegharịanụ, ka eme unu nile n'otu n'otu n'aha nke Jizọs Kraịst maka mgbaghara nke mmehie nile, ị ga-anatakwa onyinye nke Mụọ Nsọ.

Nna anyly nke Eluigwe Chineke mere plant am plan plant such d plan ot to a ka iweghach to any He ihe us ch desiredr to inye Adam na Iv. Ọ chọrọ itinye Mmụọ Nsọ Ya na US ka anyị wee jupụta na ike na ọkụ, na Mmụọ Nsọ nwere ike ịga n'ihu na-eme ya site na anyị. Biko juo Ya maka onyinye a taa.

NYOCHAA: GỊNỊ BỤ BAPTISM NKE MMỤỌ NSỌ?

1. Jizọs megheere anyị ụzọ:
a. Dị ndụ ruo mgbe ebighị ebi
b. Ọzọ, nara ike nke ike nke Chineke site na Mmụọ Nsọ
c. Bie ndu obi uto na akụnụba
d. Bụrụnụ ndị mmụọ dị ike n'elu ụwa

2. Gịnị ka Jizọs kwuru na anyi ga anata mgbe mmụọ nsọ dakwasịrị anyị?
a. Ike
b. Osimiri nke Ndụ Mmiri
c. Ikike ịbụ ndị àmà nke ụwa
d. Nke niile dị n'elu

3. Anyi nwere ike witnessesbụ ndị àmà nke ụwa n'enyeghị aka nke mmụọ nsọ.
a. Eziokwu
b. Ugha

4. Olee mgbe ụmụazụ Jizọs natara nkwa ahụ?
a. Mgbe ụbọchị 50 gachara
b. Mgbe ha niile dị n'otu ebe

c. Mgbe Jizọs laghachiri n'eluigwe
d. Nke niile dị n'elu

5. Gịnị kpatara nkwuwa okwu, ọrụ ebube na ozi dị ike na ndụ nke ụmụazụ Jizọs?
a. Ha withụrụ mmanya
b. Ha na Jizọs nọrọ afọ atọ ugbua
c. Ha natara onyinye nke Mụọ Nsọ
d. Ọnweghị nke ọ bụ

6. Onyinye a bụ naanị maka ụmụazụ mbụ nke Jizọs ka ha wee nwee mmalite dị ike.
a. Eziokwu
b. Ugha

7. Onye ruru eru inweta onyinye nke Mmuo Nso?
a. Onye obula cheghariri ma mee ya baptism
b. Onye obula juo Nnam
c. Onye obula choro inweta onyinye a
d. Nke niile dị n'elu

Isi 11
IHE M GA-EME KA EWEE ZỌPỤTA M?

Kedụ ka m si mara na aga m aga eluigwe?

Mara na odi mkpa ka azoputa gi, Chineke no n'elu igwe ma mmehie na akawa anyi na Chineke no rue mgbe ebighiebi. Chineke achọghị ka anyị kewapụ ya na Ya, yabụ Chineke nyere Ọkpara ọ mụrụ naanị Jizọs, ka ọ kwụọ ụgwọ mmehie anyị site na ịnwụ n'elu obe ọtụtụ afọ gara aga.

Ndị Rom 3:23 N'ihi na mmadụ niile emehiewo, ma ha adịghị eru ebube Chineke;

Ndị Rom 6:23 N'ihi na ụgwọ ọrụ nke mmehie bụ ọnwụ, ma onyinye amara nke Chineke bụ ndụ ebighi ebi n'ime Jizọs Kraịst Onyenwe anyị.

Ndị Rom 5:8 Mana Chineke na-egosi ezi ịhụnanya ya n'ebe anyị nọ, nihi na, mgbe anyị ka bụ ndị mmehie, Kraịst nwụrụ n'ihi anyị.

Anyi aghaghi ikwere na Jisos wee tikuo Chineke Onye kere anyi mbido ma juo ya ka anyi na ya wekorita ihe dika Nna anyi, Onye Okike na Onye nwe anyi.

Ezikiel 36:24 N'ihi na m ga-esi n'etiti ndị mba ọzọ kpọpụta gị, meekwa ka mba niile chịkọta gị, m ga-akpọbata gị n'ala gị. 25 M'gāwusa kwa unu miri di ọcha, unu ewe di ọcha: ọ bu iru-árú nile unu na arusi nile unu ka M'g Ime unu ka unu si. M'g alsonye kwa gi obi ọhụ, ọ bu kwa mọ ọhu ka M'g willtiye nime gi: M'g Iwezuga kwa obi nkume n'anu-aru-gi, nye gi obi nke bu anu-aru. 27 M'g willtiye kwa mọm n'ime unu, me ka unu je ije n'kpurum nile, dobe iwu m nile ma me ha.

Jọn 3:15 Ka onye ọbụla nke kwere na Ya we ghara ịla n'iyi, kama nwee ndụ ebighi ebi. 16 N'ihi na Chineke hụrụ ụwa n'anya otu a, na o nyere Ọkpara ọ mụrụ nanị ya, ka onye ọbụla nke kwere na ya wee ghara ịla n'iyi, kama nwee ndụ ebighi ebi. N'ihi na Chineke eziteghi Ọkpara-Ya n'uwa ka O kpe uwa ikpé; kama ka ewe site n'aka-Ya zọputa uwa. 18 Ekpeghi onye kwere na Ya ikpé: ekpewo onye n believethkweghi na mbu ikpé, n'ihi na o kweghi n'aha nke Ọkpara Chineke muru nání Ya. 19 Ma nka bu ikpé ahu, na Ìhè ahu abiawo n'uwa, ma madu huru ọchichiri n'anya kama Ìhè, n'ihi na ọlu-ha jọrọ njọ. 20 N'ihi na onye ọ bula nke n evilme ihe ọjọ nākpọ Ìhè ahu asì, ọ dighi-abiakute Ìhè ahu, ka aghara itu ya ọlu-ya n'anya. 21 Ma onye n dome ihe bu ezi-okwu nābiakute Ìhè ahu, ka ewe me ka ọlu-ya puta ihè, na aluworo ha na Chineke.

Soro anyi kpee ekpere:

Ezigbo Jizọs, ama m na emehiela m na m ahọrọ ime ihe na-ezighi ezi mgbe m nwere ike ịhọrọ nke ziri ezi. M chegharịrị site na mmehie ndị ahụ; Achọrọ m ma chọọ maka ndụ m ịgbanwe ... Taa. Biko gbaghara m ma tinye mmụọ ọhụrụ gị na obim. Biko bia biri n'obi m ebighebi. Jizọs, biko duzie m n'ụzọ gị ma mee ka m mee ihe ina acho .Jiri ihunanya na ọmịiko mejue obim, ma duzie m ụbọchị niile nke ndụ m. Amen.

Ugbu a, chọọ ụlọ ụka nke kwenyere na Akwụkwọ Nsọ dịka Okwu nke Chukwu. Chọpụta ihe ikwesiri ime iji we soro Jizọs Oma, imata law Chineke ka Chi nke gi, purukwa onye muo nso na edu. Chukwu gozie gị.

Isi 12

GAANỤ MEE NDỊ NA-ESO ZỌ

Gịnị bụ onye na-eso ụzọ? Nkọwa: Onye na - eso ma ọ bụ nwa akwụkwọ nke onye nkuzi, nkwenye ma ọ bụ nkà ihe ọmụma. Mmemme: Onye na-eso ụzọ, onye kwekọrọ, onye kwere ekwe, nwa akwụkwọ, nwata akwụkwọ, onye naefe Chineke ... **Soro m.**

Mgbe Jizọs kpọrọ ndị na-eso ụzọ ya, ọ sịrị ha: "Soronụ m **M ga-eme gị** ndị na-akụta mmadụ "Matiu 4:19

Ọ sịghị "Soro obi gị, tụkwasị obi gị, ma ọ bụ mee ihe dị n'obi gị". Ọbụlagodi "soro nrọ gị". Ihe ndị a niile bụ ihe ndị gbara ọkpụrụkpụ, na -emekarị ọnụ, nke na-eme ka nrọ na echiche anyị bụrụ ihe gaesochi. Onye ọ bụla na-eme ihe dị mma n'anya ya.

Jizọs kwuru sị, "bulie obe gị ma soro m .." Ọ sịrị, "**mụta** nke m n'ihi na yoke m adịghị mfe, ibu m dịkwa mfe ".

Tupu mepụta encyclopedias na nke ịntanetị mechara, enyocha ọchụchọ na igwe ojii ebe ị nwere ike ịchọta ozi iji mụta ihe ọ bụla ịchọrọ; Ihe omuma bu onye ozo site na mmadu na mmadu site n'okwu onu ya na ihe nlere anya ndu ya. Enwere "Nna-ukwu" na ndị nkuzi; Ndi nwuru, Ọ bụrụ na ha hụrụ na ị ga - enwe ike bụrụ ezigbo onye na - eso ụzọ / onye na - eso ụzọ nke ga - ebu ụzọ ha gakwuru ndị ọzọ na n'ọgbọ ọzọ, ha ga - ahapụ gị ka ị mụta ihe na ha. Nke a bụ ka ha si gbasaa echiche na ụzọ ndụ. N'obodo ụfọdụ, a ka nwere echiche banyere onye mụọ ga-amụ ọrụ ma na-arụ ọrụ n'okpuru Nna-ukwu. A ka nwere ndị ndu (mmụọ nke mmụọ) nke ga-eduru ndị na-eso ụzọ gaa n'ụzọ nke mmụọ ha dịka Hare Krishna.

Enwere ndị na-agbaso nkuzi Mohammed nke Alakụba ma a na-akpọ ndị Alakụba.

Ihe niile ka obu.

Jizọs kwukwara, "... onye ọ bụla nke na-enyeghị ihe niile o nwere, ọ gaghị abụ onye na-eso ụzọ m"

Luk 14:33. Ọ na-ekwu na anyị aghaghị ịhapụ nchụso nke anyị iji chụsoo Ya. Buru ụzọ na-achọ alaeze Ya.

Ozuzu

Jizọs na-akpọ ndị na-eso ụzọ ya ka ha soro Ya wee mụta ụzọ Ya si na Nna Ya. Ha na ya nọrọ ihe karịrị afọ atọ ka ọ na-aga ebe niile Ọ gara ma na-eme ihe niile O mere. Ndị isi a na-eso ụzọ iri na abụọ ahụ riri nri, gaa njem ọnụ ma hie ụra. Ha hụrụ mgbe Jizọs na-ekpe ekpere, ha nụrụ ka Ọ na-akụzi ihe, ha hụrụ Ya ka ọ na-ebe akwa, ha hụrụ Ya ọchị. O nyere ha ndụmọdụ, wee gbazie ha. Ọ kuziri ha ka ha mee ihe O mere, ịgwọ ụdị ọrịa ọ bụla, chụpụ ndị mmụọ ọjọọ na ikwusa banyere ala-eze nke Eluigwe.

Jizọs zipụrụ ndị na-eso ụzọ ya ka ha mee ka O mere

Otu ụbọchị, mgbe ha na Jizọs nọchara nwa oge, O zipụrụ ha ka ha bido zisa otu ozi ahụ ha si n'aka Ya. Ha wee gwọọ ndị ọrịa, chụpụ ndị mmụọ ọjọọ na ịtụkwasị Chineke obi na Ọ ga-egboro ha mkpa ha niile. Ọrụ ebube ndị ahụ Jizọs rụrụ ka ha rụrụ. Ha kwusara otu ozi ahụ nwere otu arụpụta. Ndị na-eso ụzọ Jizọs nwere ọ thatụ nke na a gwọrọ ndị mmadụ, ọbụnadị ndị mmụọ ọjọọ na-edo onwe ha n'okpuru ha.

Jizọs gwara ha na ihe ha kwesịrị inwe obi ụtọ banyere ya bụ na e dere aha ha n'akwụkwọ nke ndụ.

Jizọs nyere ndị na-eso ụzọ Ya ọrụ tupu Ọ pụọ ga-erute ozi nke ụwa niile.

Mgbe Jisos mara na aga-akpọgide Ya n'obe n'oge gara-aga, O nyere nd commissionnáeso Ya iwu; Ọ gwara ha ka ha pụọ gaa mee mba niile gbara ha gburugburu. Ọ gwara ụmụazụ ya ka ha kuziere ha ihe niile Ọ kuziiri ha.

Jizọs gwara ha na ndị na-eso ụzọ ya ga-arụ otu ọrụ ebube ma kuzie otu ozi ahụ.

O kwuru na ndị kwenyere n'okwu ha ga-agwọ ndị ọrịa, kpọlite ndị nwụrụ anwụ ma chụpụ ndị mmụọ ọjọọ. Ha agaghị atụ egwu ihe na-egbu egbu n'ihi na agaghị emerụ ha ahụ. Mak 16: 16-17 Jizọs nyere ndị na-eso ụzọ Ya ikike ka ha kwusaa ozi ọma, gwọọ ma nyefee ya; mana mgbe ahụ O nyere ndị ahụ na-eso ụzọ iwu ka ha 'zụọ' ndị ọzọ ime otu ihe ahụ.

Ọ kpọrọ ha ndị na-eso ụzọ Ya, Ọ kpọrọ ha ndị enyi Ya ma kpọọkwa ha ụmụnne ya.

Eziokwu dị ebube bụ na ọ bụghị naanị na a kpọrọ anyị ka anyị bụrụ ndị na-eso ụzọ kama a kpọrọ anyị ka anyị bụrụ ụmụ Chineke. Otu akụkụ nke ezinụlọ. Jizọs bụ nwanne anyị. Nna anyị nke Chineke nabatara anyị n'ihi na Jizọs meghere ụzọ.

"Unu bụ ndị enyi m ma ọ bụrụ na ị na-eme ihe m na-agwa gị" Jọn 15:14

Paul, onye na-ezuteghị Jizọs n'ezie kwuru, "Soro m ka m na-eso Kraịst"

Gụọ 1 Ndị Kọrịnt 3: 6-21. N'ebe a, Paul gbara ndi mmadu ume ka ha ghara iso ndi isi ndu mmadu dika uwa. Chineke nyere ndi ndu ndi mmadu iduzi ndi mmadu na Nna ya. Mgbe ahụ, Pọl na-agba anyị ume, "Dịka onye Kristian, enwela mpako maka mmadụ na ihe ha nwere ike ime. Ihe niile bụ nke gị. " (1 Ndị Kọrịnt 3:21 NLV) Paul na-adọ ndị mmadụ na-adọ aka ná ntị ịkpachara anya ihe ha na-ewu na ntọala nke bụ Kraịst Jizọs. Pọl kwuputara n'amaokwu nke 23 "I bu nke Kraist, Kraist bu nke Chineke.".

Pọl dere na otu a ka ị kwesịrị isi le ndi ndu ndị Kristian mmadụ anya:

- Ha bụ ndị ohu Kraist
- Ha emeela ka ha ghọta eziokwu nke Chineke
- Ha bụ ndị nlekọta nke ihe omimi nke Chineke nyere ha ka ha nye ndị ọzọ
- Achọrọ ha ikwesi ntụkwasị obi iji jeere ụmụazụ Kraịst ozi (lee 1 Ndị Kọrịnt 4: 2)
- Chineke ma ihe banyere obi ha (lee 1 Ndị Kọrịnt 4: 5)
- A ga-ekpe ha ikpe site na mkpali ime ha. (kwukwara 1 Ndị Kọrịnt 4: 5)
- Ha kwesiri ịdị ka nna dịka ọ bụghị na ha bụ ndị nkuzi. Inwere ike inwe ndị nkuzi 10,000 nke Kraist. Mana cheta, Abụ m naanị nna m nwere. Unu ghọrọ Ndị Kraịst mgbe m kwusara unu ozi ọma. " 1 Ndị Kọrịnt 4:15 (NLV)
- Ndụ ha kwesịrị dabara n'ozizi ha n'ebe ọ bụla ha gara. Lee 1 Ndị Kọrịnt 4:17.

Agba Ochie

Ibu onye na-eso ụzọ Chineke ebidoghị na agba Ọhụụ. Akwụkwọ nke agba ochie na-akọ akụkọ banyere ndị bụcha ndị ezigbo mmadụ na ndị ogbenye.

Chineke kwuru okwu mmesi ilu nile banyere eze Sọl, si, O wezugala onwe ya **na-eso** M. " 1 Samuel 15: 10-11. Chineke kwuru n 'isi," n'ihi na o juwo iso m n'agha, ajụwo m ya ịbụ eze, ọ na-ewute m na m mere ya onye na-achị ndị m ". Onweghi onye obula nwere ikike iduru aturu ya,

Ha bụ nke Ya Ya onwe ya bu ezi onye ọzụzụ aturu. **Anyị enweghị ike idu ọ gwụla ma anyị onwe anyị na-eso, na-anụ ma na-erubere ya isi.**

Mgbe Mosis na-eduru ndị Israel n'ọzara, ha nwere ọgbụgba ndụ nke ọgbụgba ndụ ahụ, ihe nnọchianya nke ọnụnọ ya, n'etiti ogige ahụ. O nwere igwe-oji nke ọnụnọ ya n'elu ụbọchị na ogidi ọkụ n'abalị. Mgbe oge ruru ka ha kwaga ebe ọhụrụ igwe ojii ga-ebuli, ha niile ga-akwadokwa ịkwaga. Ha soro igwe ojii ahụ. Nke a bụ nke ha **nchebe na ntụzịaka**. Nke a bụ ụdị mmụọ nke ndị kwere ekwe taa. Mba ndị ọzọ tụrụ egwu ibuso agha n'ihi ebube ahụ. Taa aghaghi ibu ndi Mo nke Chineke duru ha na ndi Rom 8:14

Ihe atụ nke onye soro, tụkwasara obi na obi ụtọ na Chineke bụ Keleb. Ọ bụ nwoke biri ndụ ya naachụ ma na-ekwere nkwa nke Chineke n'agbanyeghị na ọtụtụ n'ime ndị gbara ya gburugburu nyere onwe ha obi abụọ, ịta ụta na inupụrụ isi. Ọnụ Ọgụgụ 32:11

Ma onye ozim Keleb, n'ihi na **onwere mmụọ dị iche soghim na obi ya niile** M ga-eme ka ọ bata n'ala ahụ ọ bara, (dịka onye nledo) na ụmụ ya **ga-enweta ya.**" Ọnụ Ọgụgụ 14:24

Nwoke ahụ Inọk na Chineke jegharịrị, ya na Chineke kwurịtara okwu. Ọ maara Ya ma hụ Ya n'anya otu ụbọchị "ọ nọghị na Chineke kpụpụrụ ya". Jenesis 5: 22-24

Kedu ka ị ga - esi soro Chineke ị dighi ahụ ya anya?

Anyị na-agbaso Akwụkwọ Nsọ. Enwere iwu na ntuziaka doro anya n'ime Akwụkwọ Nsọ iji duzie ma duzie ndụ anyị n'ihe dị mma.

Anyị na-eso iduzi na nkuzi nke mmụọ nsọ dịka Ọ na-enye anyị ntuzi aka nke anyị ma ọ bụrụ na anyị na-elebara Ya anya.

Anyi n'eso nkuzi nke ndi ndu ime mmụọ anyi bu ndi Chineke debere na ndu anyi nihe oma.

Anyị na-eso ndị buru anyị ụzọ. Anyị nwere ike ime ihe atụ site n'aka ndị Chineke ji ike rụọ ọrụ. Anyị nwere ike gụọ akwụkwọ ha wee ghọta ọtụtụ ihe banyere etu Chukwu si arụ ọrụ ha ma tinye ya n'ọrụ na ndụ anyị.

Dị ka Inọk, anyị nwere ike iso Chineke jee ije n'onwe anyị. Anyị nwere ike ịmata Ya ma nwee ike ịnụ olu Ya. Anyị nwere ike iso Ya ụbọchị niile nke ndụ anyị. Anyị nwere ike ịbụ ndị na-eso ụzọ Ya. Anyị nwere ike ịbụ nwa Ya. Anyị nwere ike ịbụ Enyi ya ma ọ bụrụ na anyị erubere Ya isi. Obu ihe kwesiri ntukwasiri onye kwere ekwe inu olu nke Chineke, ka ike nke Mo nso nke bi n'ime ha gha buru ya.

Otu ihe dị ezigbo n'obi Nna Chineke bụ mkpụrụ obi ndị ahụ Jizọs nwụrụ maka ha. Ọ chọrọ ka anyị gakwuru ha ma mee ndị ga-ekwenye n'okwu anyị ndị na-eso ụzọ.

**Gaanụ, kwusaa, kuzierenụ ma mee ndị mba niile baptizim.
Matiu 28:19, Mak 16: 15-16**

NYOCHAA: GAANỤ MEE NDỊ NA-ESO ZỌ

1. Gịnị bụ onye na-eso ụzọ?
a. Azụ mmadụ
b. Onye na-eso ụzọ ma ọ bụ nwa akwụkwọ nke onye nkuzi ma ọ bụ nkwenye
c. Onye ọkà ihe ọmụma gụrụ akwụkwọ
d. Onye nkuzi nke nkwenye ma obu ihe omuma

2. Azịza ya kacha kọwaa onye na-eso ụzọ Jizọs?
a. Mee ihe di gi n'obi
b. Soro nrọ gị
c. Bụrụ onye kachasị mma na ị nwere ike ịbụ
d. Hapụ ihe ndị ị na-achọ ka ịchụso Ya

3. A na-azụ ndị na-eso ụzọ Jizọs
a. Bụrụ ezigbo ndị nke ụwa a
b. Ime ihe Ọ na-eme n'ụwa a
c. Bebụ ndị ọkụ azụ
d. Buru ibu ndi isi ndu n'ụwa a

4. Whonye ka Jizọs kwuru na o kwesịrị ịrụ ọrụ ebube ma kuziere ụwa ozi Ya?

a. Ọ bụ naanị ndịozi iri na abụọ ahụ
b. Ndị niile hụrụ ya dị ndụ ma hụ ozi Ya n'anya
c. Ndị niile kwere
d. Ọnweghị nke ọ bụ

5. Paul, onye dere ọtụtụ n'ime Agba Ọhụụ ezuteghị Jizọs
a. Eziokwu
b. Ugha

6. abụ onye na-eso ụzọ Chineke malitere na agba ohu.
a. Eziokwu
b. Ugha

7. Anyị nwere ike iso Chineke jee ije
a. Eziokwu
b. Ugha

8. Anyị nwere ike iso Chineke n'agbanyeghi na anyị anaghị ahụ Ya anya:
a. Soro akụkụ Akwụkwọ Nsọ
b. Soro ndu nke Mo Nso
c. Soro ndi ndu ime mmụọ nke Chineke na ndi biri ndu ha n'eso Chineke
d. Nke niile dị n'elu

NTUGHARỊ NYOCHA

Onye bu Chukwu?

1. Eziokwu
2. a. mara, chọrọ
3. iche echiche, ida, ghọta, oyiyi
4. Eziokwu
5. b. Ghọta ụzọ Ya na iwu Ya
6. kwadebere, igosi
7. Eziokwu
8. Ìhè

Gịnị Mere Chineke Ji Mee Ndị Mmadụ?

1. c
2. b
3. a
4. d
5. a
6. a

Gịnị Bụ Mmehie?

1. segha
2. ọrịa
3. mee, kpoo, udi, n'okpuru
4. Aha, Chineke gị, enweghi mgbaghara, efu
5. icheta, ha nile, ha, choo, obughi nke ha
6. Eziokwu
7. Ugha
8. Eziokwu
9. Eziokwu
10. Eziokwu
11. c
12. ịkwa iko, lasiko, ịkpọasị, iwe, esemokwu, ekworo, ị dụbiga mmanya ókè, na-eme, ụdị, na-eketa
13. kere
14. 1 na nke 2 bụ ka anyị si chegharịa

Onye Bụ Jizọs?

1. Nwa
2. ụwa
3. nwoke, zoputa
4. nke ikpeazu, mmehie
5. na-eje ije, ya, mkpakọrịta, ọbara, na-asachapụ
6. Onye nzọpụta
7. ike, umu nwoke, kwerenu
8. anụ ahụ

Gịnị Bụ Nchegharị?

1. mehiere, gharakwa iru ebube
2. d
3. Ugha
4. Iru uju, na-eme
5. chegharịrị
6. ọcha, hụ
7. ileghara anya, gị, chee, Chukwu, ezi, ikpe ekpere, ndụ ọhụụ

Gịnị Bụ Nzọpụta?

1. Acceptnabata
2. mmehie, nkewapụ, ụmụ
3. mmehie, hel, igodo, iche, nata
4. n'ime, Kristi, ọhụụ, ihe e kere eke, agabiga, ọhụụ
5. kwuputa, Onyenwe anyị Jizọs, kwenye, obi, zụlite, zọpụta
6. Eziokwu, ọkụ
7. nzọpụta, kwere, duzie
8. ije, ọbara, ekwuputara
9. daa, nchegharị, afụ ụfụ, ihere

Gịnị Bụ Baptizim Mmiri?

1. b. ime mmiri
2. na-ebibi, mehie, dochie, na-enwe mmeri
3. Eziokwu
4. azụmaahịa, mmehie, azụmaahịa, New

5. Eziokwu
6. c. onye obula nke kwenyere na Jisos bu nwa Chineke nwuru onwu n'ihi mmehie anyi

Onye bu Mmuo Nso?

1. d
2. a
3. c
4. Eziokwu
5. D
6. Eziokwu
7. Eziokwu
8. Eziokwu

Gịnị bu Baptism nke Mọ Nsọ?

1. a
2. d
3. Ugha
4. b
5. c
6. Ugha
7. d

Gaanụ Mee Ndị Na-eso Zọ

1. b
2. d
3. b

4. c
5. Eziokwu
6. Ugha
7. Ugha
8. d